# 洞察

## 商业成功的秘诀

林文岚 著

中国商业出版社

图书在版编目（CIP）数据

洞察：商业成功的秘诀 / 林文岚著 . -- 北京：中国商业出版社，2022.1
ISBN 978-7-5208-1917-6

Ⅰ.①洞… Ⅱ.①林… Ⅲ.①企业管理 Ⅳ.
①F272

中国版本图书馆 CIP 数据核字（2021）第 231118 号

责任编辑：林 海

中国商业出版社出版发行
（www.zgsycb.com 100053 北京广安门内报国寺 1 号）
总编室：010-63180647 编辑室：010-83118925
发行部：010-83120835/8286
新华书店经销
香河县宏润印刷有限公司印刷

\*

710 毫米 ×1000 毫米 16 开 14 印张 205 千字
2022 年 1 月第 1 版 2022 年 1 月第 1 次印刷
定价：58.00 元

\*\*\*\*

（如有印装质量问题可更换）

# 前 言

大型外企在市场洞察与产品创新宣传方面一直有其独特的方法论和完善的管理措施，凭借产品优势，大多数外企都能够在开放行业的高端市场独占鳌头。然而中国市场在过去的十多年里发生了巨大的变化，高投入高回报的通路行销模式受到了各种电商、垂直行业网站的严重挑战；传统经销商模式在苦苦挣扎。面对外部快速变化的环境，5年战略规划已经不足以应对变化的速度。那么如何把每月运营升级为24个月滚动的管理模式，通过系统的需求预测与交付管理，加强对市场的敏捷反馈，是眼下急需要解决的问题。

大型客户的直销价格断崖式下降，为了保住利润，我们重新设计了针对大型客户管理的钻石模型，试图用新型工作对接方式加强信息对称，及时反馈并提供增值服务，避免对价格造成直接冲击。这些措施受到客户欢迎，但在公司内部推广时却困难重重。到底是哪里出了问题呢？是信任、授权和赋能，还是当事人不同维度的价值观体系冲突体现在了管理边界和理念的冲突上？

在过去三年的咨询生涯中，让我接触到许多外部客户，无论大小似乎每个企业的CEO在2021年都有或高或低的数字化转型目标。事实上数字经济的兴起，已经让其成为继土地、人力、资本之后的第四大生产资料。中国企业客户对数据的采集、存储、分析和决策需求极大，他们在数字化发展与转型之路上，非常关注供应商对他们的业务如何能真正增值赋能。

不过遗憾的是，中国企业客户的很多数字化解决方案，多是从技术端出发，而不是从客户实际运营需求出发，导致数字化赋能工具还处于碎片化的状态，无法融入客户的运营体系中形成一体化的解决方案，因此推广时很难让客户感受到显性的价值。

如何有效地进行数字化愿景打造，建立数字化组织，培育数字化人才呢？

如何感知竞争环境和客户需求的变化，把杂乱的信息进行概念化提升，形成趋势洞察、产业链与生态环境的洞察、客户洞察，明确互相之间的关联和优先次序？如何从用户的角度，来优先发展对外数字化解决方案？

在实现洞察转化产品和服务设计的过程中，如何在组织层面形成敏捷小组设计解决方案，强调端到端的员工责任体系，促进部门协同，形成新的竞争优势？

针对新的业务或者产品创新，是选择体内孵化还是体外孵化？

腾讯顾问杨国安教授的"杨三角"理论强调了成功 = 战略 × 组织能力。通过该理论我们了解到，战略不仅取决于市场与客户洞察，还取决于创始人或者 CEO 的高维度价值观体系。体现在创始人或者 CEO 的心智模式层面，成功模式就是：未来的成功 = 高心智 × 客户洞察 × 企业组织能力。

基于此，我选择了在数字化转型这个大的时代背景下写作本书。本书分为上、中、下三篇。

上篇重点着墨企业客户洞察：第一，企业的发展由用户洞察驱动还是由技术驱动？如何通过有效地细分市场来找到目标企业客户，了解企业客户的需求变化趋势？第二，如何改变以自我为中心的解决方案开发模式？企业客户如何真正痴迷于客户的运营和应用场景，从用户体验的角度来设计落地的场景，规划预警式的解决方案，真正形成一体化的客户价值，也最终形成新的竞争优势？第三，品牌和产品的竞争优势在缩小，客户对端到端的体验要求上升，企业如何应对并有效地进行客户价值定位？第四，如何专业化系统化地应对企业客户内部多个关键部门和人员？第五，什么样的大客户管理架构是有效的模式：钻石模型还是铁三角模型？

中篇重点介绍组织能力：第一，任何好的洞察都必须以好的产品、服务或解决方案呈现给客户。怎样才能建立一个良好的环境让员工能够并且愿意去洞察，能够有时间和空间作到从洞察到点子、从点子到产品的转化，并不断迭代？第二，在不同的发展阶段，从产品服务的差异性优势到建立共生的生态优势，企业需要三种核心组织能力：未来生态竞争下自适应、创新和"客户至上"。第三，在VUCA时代，我们需要更加轻盈的组织结构帮助应对外界的快速反应：敏捷组织、虚拟组织和辫结式组织。

下篇重点讲解领导人价值观维度拓展：第一，数字化、智能化让生产力呈倍数发展，生产关系随之变化。在企业、行业和社会三者不断互相冲击影响变化的过程中，企业管理者需要更加高维的价值观来找寻三者的平衡和突破，形成高维度的价值观和思维体系，才能引领跨界共生的生态布局，跨越企业、行业和社会的失衡点。那么如何洞察自我、感知环境，不断反思自己的世界观和价值观，支撑自己和企业形成高维的生态打法，在建立壁垒的同时，同步提升商业价值和社会价值呢？第二，提升价值观的核心在于建立心理安全模式。焦虑有好有坏，如何克服坏的业绩焦虑，培育好的学习焦虑，让学习焦虑变成成长的动力呢？

在过去三年的组织发展学习和咨询实践中，导师的教学、同学们的探讨和客户真诚的分享，让我进一步洞察到不同文化与信念的国家的底层价值观和价值获取、分配的方式是如何影响国家发展的，不同优秀企业的管理心智模式又是如何影响其发展路径的。西方的组织发展理论与实践在中国实施的过程中由于基础价值观的差异又将遇到怎样的挑战？

感谢信任我和火花咨询的客户及合作伙伴们，你们让我顺利实现了职业转型与认知升级，也帮助我奠定了带领火花咨询公司进一步拓展的信心！感谢阅读初稿并提出建议的朋友，尤其是合伙人肖鹏，非常细腻逻辑性的反馈，帮助我提纲挈领，重新布局；之后又有好朋友给了我关于书籍前瞻性和共生思维高度的挑战与需要更加辩证的反馈，激发我进一步的思考与调整。希望我的分享对想要加强企业整体管理意识与干预方法的营销人员和想要加强市场营销和提高认知能力的组织发展从业人员，以及对处于数字化转型和期待建立生态优势的企业能有所帮助。

谨以此书致敬我的家人、朋友、同学和客户，感谢你们陪伴我的成长！

# 目录

**开篇　洞察数字经济新奥秘 / 1**

　　数字经济时代刚刚拉开序幕 / 3
　　数字经济时代对 B2B 产业的影响 / 5
　　数字时代的 B2B 企业客户行为和需求的变化 / 9

**上篇　洞察客户，战略领先**

**第一章　细分市场，洞察客户需求 / 16**

　　第一节　如何细分市场，精细化洞察商机 / 18
　　第二节　企业客户的公司层级需求在动态转移 / 26
　　第三节　洞察企业客户的关键人需求 / 37
　　第四节　洞察与应对企业客户采购专业化、系统化的趋势 / 42

**第二章　企业客户价值定位 / 50**

　　第一节　培育用户思维，定义企业客户价值 / 51
　　第二节　企业客户价值定位的方法 / 53

## 第三章 客户体验，增长神器 / 63

第一节 客户体验的演变 / 65
第二节 衡量与提高客户体验 / 72
第三节 数字化的核心就是加强客户体验到反馈的循环 / 86
第四节 管理客户体验需要跨部门联动和 CEO 推动 / 97

## 第四章 围绕"客户价值创造"打造客户管理 / 99

第一节 战略客户管理 / 100
第二节 战略客户和高利润大客户的管理有什么不同 / 101
第三节 支撑战略客户管理，需要新型组织结构 / 103

# 中篇 洞察组织，战略落地

## 第五章 有系统组织能力支撑，战略才能落地 / 114

第一节 组织能力到底是什么 / 115
第二节 未来的市场、客户需要什么样的组织能力 / 123
第三节 如何诊断组织能力，找到干预的切入点 / 130

## 第六章 打造适应未来的新型组织能力 / 143

第一节 打造自适应组织能力，适应 VUCA（多边世界）时代特质 / 144
第二节 打造"客户至上"的组织能力 / 151
第三节 打造全面创新力 / 157
第四节 打造人才"数商" / 160
第五节 组织发展与组织变革交相辉映 / 162

## 第七章　在VUCA时代需要敏捷的组织结构建立快速市场反馈 / 167

第一节　VUCA 时代的四种特点以及应对措施 / 168

第二节　用敏捷组织激发人的动力和项目价值定位 / 172

第三节　用虚拟组织解决知识管理和重大决策 / 176

第四节　用辫结式组织和数字化平台解决对内对外的创新 / 179

# 下篇　洞察自我，把握未来

## 第八章　洞察自我：对商业环境的感知力是你的胜负手 / 184

第一节　从大脑的建模来看环境感知和决策前后的过程 / 186

第二节　感知环境成为领导者的核心技能 / 188

第三节　如何了解自己的感知能力风格 / 189

第四节　从环境感知到战略和解决方案的闭环 / 191

## 第九章　洞察自我：重构认知新模式，打造高维价值观 / 194

第一节　未来企业之间的竞争，是管理团队思维与认知的竞争 / 197

第二节　未来企业的竞争，是管理团队价值观层次的竞争 / 198

第三节　打造更高维的价值观首先需要成长意愿和成长型思维 / 203

第四节　领导者保持好奇心，成为表率和给予创新空间 / 204

第五节　让我们价值观升维的方法 / 206

后记 / 213

# 开篇　洞察数字经济新奥秘

当下政府提倡数字经济，并把数据提升到生产资料的要素地位，如同在工业经济下的资本、人力、技术与土地。生产力在数据的支撑下，将遵循不同的路径加速发展，在这一过程中也将需要管理创新来促进新型生产关系的形成。

如何在新时代把握技术脉搏，从互联网到物联网，在5G和去中心化的技术下找寻数字战略、新的商业模式、创造与捕捉新价值呢？

数字化升级转型源于客户洞察，数字化转型还体现在加强客户体验和市场反馈的循环；大数据分析让我们对市场的洞察与了解更加及时，对客户的反馈更加敏捷准确。

数字化的过程不仅是IT（互联网技术）技术的投入，更是战略差异点的形成过程。我们需要培育CEO（首席执行官）的视角与高度来引领企业在相关的人和技术方面的投入，而更加关键的是组织架构的匹配、对人的投入和员工DQ（数商）的提升，从而提升思考的维度和加强数字化后的决策。

迄今为止，企业大多习惯了五年战略规划、一年战略落地执行式的节奏。数字化在五年的战略规划中是个必选项，但不会被列在紧急重要象限；然而一个新冠疫情，让我们彻底地改变了想法，数字化转型突然变得如此重要且迫在眉睫。

2020年第一季度生鲜水果线下店萎缩20%，但线上加速发展近

30%；即使是传统的汽车用品销售服务业，线下萎缩33%，但线上却增速5.2%。

面对更加不稳定、不确定的世界经济局面，数字经济展现出其顽强的韧性，远程医疗、在线教育、共享平台、协同办公、跨境电商等服务广泛应用，对促进各国经济稳定、推动国际抗疫合作发挥了重要作用。发展数字经济是各国推动经济尽快复苏的关键举措，已成为世界经济增长潜力所在。

2020年，中国政府一边通过投资新型基础设施（新基建）打造数字经济发展新基石，一边不断地强调并提醒企业客户，中国已经进入了数字经济时代。首先，数字经济在中国第三产业（服务业）的渗透率已高达37.8%，在第二产业（制造业）也高达19.5%，只有第一产业（农业）还较低，仅为8.2%。中国数字商业的发展从消费端向市场营销和运营端进一步渗透，体现在CRM/SCRM、移动支付、精准营销、新零售、社交电商等模式上；同时囊括采购、运输、仓储的数字供应链也在蓬勃发展，推动了数字营销与客户体验。除此之外，数字商业在生产端也得到了很多应用，比如，工业互联网、定制化生产、智能制造等。其次，从具体国家来看，美国数字经济规模全球第一，达到13.1万亿美元，排名前五的国家数字经济规模占全球总规模的78.1%。（数据来源：中国信通院《中国数字经济发展白皮书》）

相对于欧美国家高度工业化、城镇化、信息化和农业现代化，中国这四化还没有同步发展完整，因此在进入商业数字经济的时代，我们将同时需要四化同步、发展数据基础管理政策和懂行业懂数字的人才，才能真正地把衰退的人口红利及时转化为数据红利。

## 数字经济时代刚刚拉开序幕

根据面向对象的不同，互联网企业或者它们的产品就应用对象可大概分为三类：面向企业客户的 2B（to Business）、面向消费者用户的 2C（to Customer）和面向政府的 2G（to Government）。

2C 的服务对象是个人用户，这些用户往往受个人需求和感情驱使来选择产品，会快速地试用、淘汰产品。2019 年一项调查表明，平均每位用户的智能手机上能够维持经常使用的 App 只有 11 个，多数软件短暂使用就被弃，一些软件下载之后甚至从未打开过，可见用户群体对软件产品淘汰之快。正因对用户使用方式和态度的了解，2C 产品开发者会尽最大努力使软件迎合目标人群，以获得大流量、大回报。

面向企业客户开发产品的逻辑截然不同，从 2C 的"广泛针对"调整为 2B 的"聚焦针对"，确保有针对性地解决客户的问题，根据客户的要求更新服务。又因为 2B 企业的传播、售卖都仅在体量较小的垂直平台内发生，因此产品的开发流程和最终形态也和 2C 产品有很大的区别，比如没有内置广告、弱社交功能、信息保密等。

目前中国最成功、最知名的企业几乎都是 2C 公司，或者是以 2C 产品起家并闻名于消费者的。而在产生了许多互联网行业先驱的美国市场，有近一半的大企业是 2B 企业。将两国市场进行对比，在 2C 市场擂台上，中国前五大 2C 企业的市场份额与美国的市场份额接近；但在 2B 市场擂台上，中国却只有美国的十三分之一（见图 1-1 左图）。在中国市场，2C 与 2B 的营销总额比例是 95∶5；而在美国市场，2C 与 2B 的营销总额比例是 60∶40。

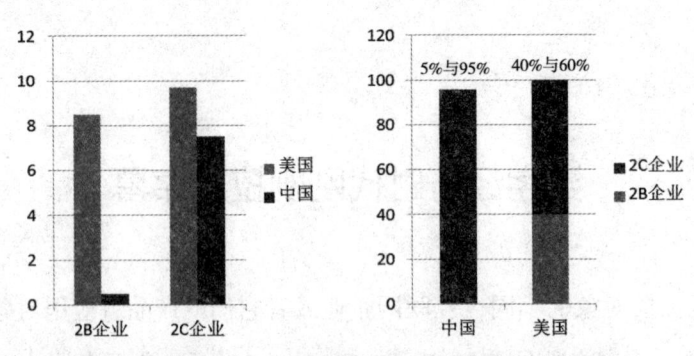

图1-1 2019年中国、美国的2B与2C产业对比（前五大）

造成这种差距的根本原因在于中国经济起步晚，在20世纪70年代欧美国家已经进行第三次工业革命时，中国经济发展刚刚步入轨道。但中国的发展速度惊人，用40年时间基本弥合了与西方工业强国的差距，从科技尖度、经济厚度和发展潜力上看，中国都无愧是世界第二大经济体。因此，世界主流声音一致认为"西方发达国家的现状就是中国的未来"。而中国进一步发展的核心在于B2B企业的爆发式增长，因此对于B2B行业的从业者来说，了解数字时代对客户和企业的影响、学习如何在数字时代满足用户需求并创造价值，无疑有着至关重要的作用。

2019年美国制造商和分销商销售市场总规模达17.5万亿美元，较2018年增长1.5%。美国越来越多的制造商、分销商、代理商和零售商群体通过线上进行批发生意，从而推动B2B电商网站销售额快速增长。2019年美国B2B电商比例已经超过总销售额的50%，B2B电商销售额同比增长10.9%。

Amazon Business（亚马逊企业购）上第一垂直领域是MRO，17.4万卖家，上线产品数超过1800万个。预计2023年Amazon Business整体交易规模（GMV）将达到750亿美元，成为美国最大的工业品分销商。

2020年新冠肺炎疫情造成了美国供应链中断风险，企业在绞尽脑汁获取更多不可或缺的库存，巨大的行业变革正在发生。50%的供应商准备试水互联网服务，另外38%的供应商将更加激进地加速这一过程。

在中国个人互联网流量红利消失殆尽之际，C端的互联网企业不断向2G或2B发力，以寻求政府级惠民应用和未来物联网的链接等机会。国内目前70%以上的2B服务从大客户和政府定制开始，随着智慧交通、智慧医疗、安全监控、惠民措施、疫情管理等众多政府需求，相信未来会有更多的2B/2G的互联网/物联网应用开发。下面主要谈2B端的应用发展。

## 数字经济时代对B2B产业的影响

随着移动端的兴起和信息行业的发展，消费者市场的用户已经习惯了使用数字服务来处理事务与网上购物。互联网除了让2C企业的传播能力增强、工作效率提升和部分成本降低外，还使得交互、营销游戏规则等发生了改变，2C产品更加重视用户体验的设计。而对于2B企业来讲，由于客户的需求状况各不相同，企业要因地制宜地运用不同的技术手段解决问题。下面是一些广泛使用的数字技术，以及优秀的2B企业如何从中寻得解决方案的例子。

第一，数字化加强运营效率。

越来越多的医院将挂号、付费等以往需要用户亲自到医院实现的行为通过微信应用来实现，既方便了用户，也减轻了医院压力。同时，国家也在推广线上医院，进一步发展远程医疗，在减轻医院门诊压力的同时还实现了便民。同时2B企业还可以帮助医院完成整合病人数据、统计药品器材、智能预先诊断等工作，极大地提高了医院的工作效率。

阿里健康是阿里巴巴集团旗下的医疗健康平台。一方面为广大消费者提供优质、透明的健康产品和医药在线销售渠道，并为医院提供在线挂号看诊门户等；另一方面积极通过云计算、人工智能等技术不断帮助合作医院探索和实践医疗产业的信息化和数据化。在一些特定的医疗领域，比如临床决策、口腔正畸等，阿里健康推出基于云计算和人工智能的应用来帮助提高医疗服务的效率。凭借雄厚的技术沉淀，阿里健康在积极进行线上平台化建设的同时，也布局线下医药零售市场，以此深入医疗行业内核，将最新的网络技术与最高端的医学技术高度融合，进一步拓宽医疗大健康行业的产业边界。

依托于阿里强大的技术优势和布局合作的不断深入，阿里健康在智慧医疗领域，逐步探索开拓以信息化、人工智能和大数据技术为基础的智慧医疗业务，涉及互联网医学联盟、临床辅助决策支持系统、远程影像平台、生理信号辅助诊断引擎等。

数字化已经在各项职能的细分市场蓬勃发展，尤其是数字化运营、HR和供应链、供应链金融等方面。

第二，云计算与云平台加强企业服务升级便利和低成本。

依靠先进的互联网基建和数据处理技术，B2B服务现在可以转移到"云端"，即把主要的运算和处理交由服务提供商集中管理，而本地终端只负责输入输出信息的临时存放和传递，减少客户企业的负担。比如，在人力资源行业领域，已经有一些企业开始采用B2B服务来进行人才招聘、培训、管理工作。其中的大部分企业支持客制化的系统改造、功能增减，也有一部分通过云端管理系统版本，使功能的进化更易于掌控。

企业服务也是一条非常好的跑道，吸引了众多投资人，比如OCR应用。用在C端就是扫描全能王，用在B端就是提供给银行、公司作单据扫描或翻译软件的支撑。

Workday（i人事）是一家为企业提供人力资源管理服务的B2B公司。通过利用SaaS（Software—as—a—Service，即"软件即服务"）和基于云计算的服务模式，Workday每年对客户集体进行两次服务升级更新，使得所有客户都能以较少的人工和开销享受到最新的技术和功能。这种更新模式使得Workday能够对自己提供的功能的功效做到全面掌控，从而建立统一的数据架构，实现数据在模块间的共通，减轻客户维护、学习、转换数据的压力。同时，基于云端的服务更利于移动办公，这一点在疫情、频繁出差等情况下非常实用。

第二，大数据驱动消费者洞察。

大数据技术就是从大量的、传统方法无法快速利用的数据中挖掘分析信息的技术。消费品和零售行业的领军者懂得以消费者为中心，洞察用户的需求并提供更高的价值，以此来吸引身处信息爆炸时代的消费者。洞察消费者的需求和动机并不简单，这项活动需要企业对大量客户进行多方面调研，还要求收集到的数据有一定的真实性、相关性和即时性。越来越多的企业开始使用大数据来驱动他们的洞察活动，这样既可以利用大企业已经保有的大量、不易人工检查的调查数据，从新的角度进行洞察，也可以提高企业的洞察效率，减少人工投入。

Deloitte（德勤）是全球最大的资讯管理公司之一，在中国有着多年的数据分析实践经验。Deloitte利用自身大数据开发和应用的经验，为企业客户提供基于大数据应用的多项服务，以此帮助客户更好地认知客户群体，识别未被满足的客户需求。再通过"未来消费者实验室"将对用户洞察的结论转化为实际的战略举措，制订出最切实可行的行动方案，适用于从售前、使用、再购买阶段中的许多场景，具体如客户分析、广告投放、后勤管理、质量保证等。

企业服务洞察的关键是要围绕需求和供应的平衡点来挖掘，同时关注中小企业的普遍性痛点。这个市场的潜力是无限的，也很愿意为SaaS系统付费。

第四，前沿技术综合使能技术，加速百业发展驱动工业互联网加速发展。

数字时代还涌现出了一批可以用于B2B服务的新技术。比如在2020年初新冠肺炎疫情期间，华为等5G领军企业利用5G技术的高频、高速、低延迟、连接广等特点，组建了高效、准确、实时的人口流动监控平台和救灾物资调配平台。一些VR（Virtual Reality，虚拟现实）服务提供商为房屋租售平台提供技术设备支持，帮助租购房者居家"看房"。

埃森哲2020年出过一份报告，宣告如果把自动驾驶、AR、VR、大数据与机器学习、移动计算结合在一起应用，将可以让企业在每名员工身上节省成本高达85000美元；而如果把自主机器人、移动计算、自动驾驶、3D打印和机器学习结合在一起应用，将可以让企业市值增加60亿美元（见图1-2）。我无从知道埃森哲是怎么计算出这些成果的，但有一个信息是显性的，那就是不同的技术有效地叠加会有出人意料的惊喜！

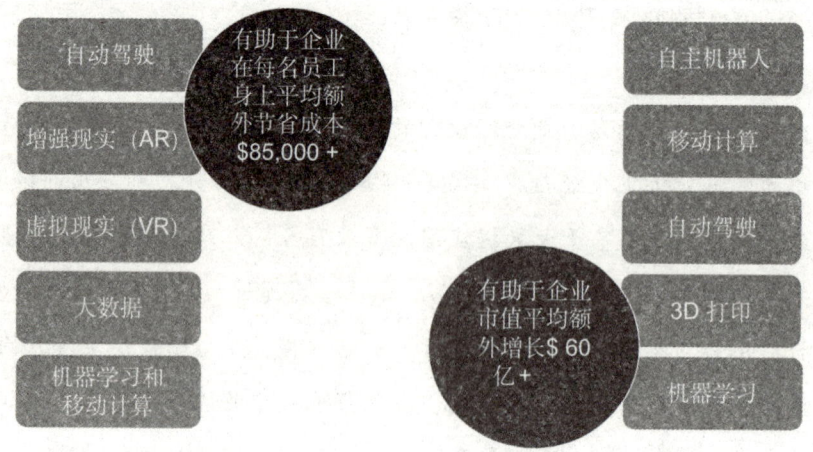

图1-2 数字技术相结合带来的经济效益（来自于埃森哲研究报告）

# 数字时代的B2B企业客户行为和需求的变化

为了适应数字时代，以获得竞争优势，B2B 公司需要针对不断变化的业务客户动态所带来的挑战和机遇做出转变。传统的 B2B 商业模型是主要围绕购买活动组建的，顾客的体验往往是线性的。如今在数字技术的推动下，B2B 商业模型的核心转移到了对服务的评价上，企业客户与供应商互动的方式已经发生了根本性的变化，进化为了一种循环、动态的过程（见图1-3）。

**图1-3　数字时代的B2B商业模型**

B2C 产业的日益发展提升了客户对产品服务的期待，B2B 客户对服务供应商的要求也相应提高，主要有三个方面。

第一，抓住消费者，就抓住了客户。

企业客户非常关注他们的消费者，客户更喜欢能让消费者忠诚的解决方案提供商。所以，服务企业客户，可以从多条路径出发挖掘客户的管理痛点，帮客户省钱，同时可以帮助客户拓展市场，吸引流量和忠诚度！

联合利华饮食策划（UFS）一直是调味品市场的领军企业之一。作为一家面向客户的服务商，UFS 常年为客户研发、提供专业的烹饪材料和解决方案。在最近的营销活动中，该企业逐渐将一部分注意力转移到厨师身上，通过一系列介绍明星厨师的广告片、社交媒体活动、建立全国厨师网络交流平台等，提高了客户推广、分享、交流的价值，增加了客户黏性与依赖度。此外，UFS还推出了数个面向食客的推广活动，增强了厨师和餐饮爱好者之间的互动，提升了品牌价值。

上汽大通推出了C2B业务，和早年的DELL为消费者作定制非常相像；不同的是数字化加强了消费者体验。上汽大通在这次品牌之夜推出的上汽MAXUSD60五款全民推荐版车型，均是由真实用户投票推荐而来。

除了推荐款车型，用户还可在线自主下单在一款叫"蜘蛛智选"的App上面自由选择包括车身外观、内饰、动力、座椅在内的100多种配置。每一项配置对应不同的说明和价格，用户在线下单并支付定金后，25到28天内车辆即可完成交付。

这种"私人定制"的购车新玩法，正是上汽大通C2B智能定制模式的一次典型展现，它解决了用户选车上的"痛点"，将车企一直以来低、中、高配的工程逻辑打散，突破产品开发、设计、制造、供应链的设定，把选择权交给用户。为了实现这样的模式，大通做了大量内部的升级转型。

首先，要有一个"数据金矿"，包括"人"的数据和"车"的数据。通过对用户的特征采集和标签化，上汽大通可以最大化了解用户的偏好、购买意向和金融需求等特征，并在不同阶段推送个性化服务；在"车"的数据化上，则需要掌握车辆的生产、交易、使用等各个周期，例如在生产环节了解不同配置的需求热度：哪些配置会有80%的用户选择，哪些配置会有5%或6%的用户选择等，进而对车辆排期、生产、交付、发运流程一把抓，满足大规模生产需求。

其次，作到"实时在线"。通过数字化平台实现用户、经销商、车企的直联，提升用户黏性和活跃度。除了已提到过的"蜘蛛智选"平台，在产品初期设计阶段，上汽大通的工程师还会在"创咖汇""工程师问答"等平台与用户互动，收集用户反馈。

最后，C2B智能定制模式对企业的B端整合能力也是一大挑战：即如何消化形形色色的个性化订单，实现25到28天的交付？这对于上汽大通来说，既是挑战，也是优势，上汽大通的南京工厂，则是C2B智能定制模式的重要承载。它实现了柔性生产的过程，把原来标准化的工艺和检测，做了透彻的改变，实现了独特的定制化智能生产优势来支撑大通的C2B战略。

2019年，在国内汽车销量下滑11%的大背景下，上汽大通还实现了20%以上的销量增长。同时在受到疫情严重影响的2020年，上汽大通仍然是为数不多的实现增长的车企。

数字化不是简单地为了提高效率和节约成本，而是为了适应新的环境变化和竞争所采取的战略性变革。因此，端到端的设计是未来数字化的大趋势。前面提到汽车销售产业链上，上汽大通建立了端到端的数字化平台，可以让消费者线上选装饰，定车型。这种个性化、透明化的消费方式激发了消费者的参与感。

大通汽车的端到端对平台的需求，对信息数字化的获取，对车销售数据的分析到对配件的采购，都需要供应商在平台上进行信息分享，而这些上汽大通对供应商的要求产生了具体变化——从你为我省成本的定位转变成你为我提供增值服务的思路。

让我们从上汽大通来管窥整个车企行业，谈谈整车厂如何进行数字化变革。车厂必须充分发挥数字技术的价值潜力，尽早进行数字化战略部署。埃森哲为整车厂开出的药方是两步到位：首先对现有的价值链实现局部数字化，然后在此基础上开发新的商业模式以拓展收入来源。

埃森哲的研究报告显示：实现局部数字化是加快整车厂数字化进程的关键一步。至2020年，通过实现局部数字化，能够为一家年净收益高达550亿美元的整车厂（A企业）带来近20亿美元或36%的营收增长。

如果整车厂在产品营销、销售和售后过程中运用数字技术，打造数字化客户体验，其所带来的营收增长，可占总额的52%。

综上可知，数字化企业就是针对研发、制造、供应以及后勤支持等内部流程进行数字化改造，实现专业化运营。局部数字化只是第一步，实现之后不能犹豫、踌躇和自满，必须跨步继续前进。此外，还必须时刻保持清醒认知，因为来自数字化搅局者的压力与日俱增，他们正重新定义汽车行业的成功标准。

第二，洞察全生态信息。

企业的生存与发展，越来越依赖整个生态圈的帮助，而不仅仅是靠一己之力打造产品与服务的差异性优势。因此，B2B服务商需要了解整个生态系统的其他利益相关者（竞争对手、同事、供应商、合作伙伴……）对商业产生的影响，才能为客户设计出更具价值的服务。同时还需要建立生态标准，如同海尔建立了智能家居的智家云生态整体架构标准，以及衣联网、食联网生态圈一样。

中国最大的电子商务服务公司阿里巴巴集团不仅处理企业对企业的关系，同时也提供B2C、在线拍卖托管、在线汇款、在线购物等许多服务。通过整合公司内部的金融服务、物流服务、云存储业务等，阿里巴巴不仅能在同一平台上为客户提供服务，也能凭借自己在多个业务领域获得的经验提高服务效率，避免由于跨领域合作带来的不便和浪费。

第三，提供显性化的价值量化数据。

B2B商业客户现在期望供应商能持续参与整个商业流程。随着"随时在线"的接触点的出现和采购功能变得日趋复杂，现在的客户几乎可以实时监控供应商的绩效，并不断比较承诺的效果能否交付。如今"评估"已经取代"购买"成为B2B活动的重点，客户在整个服务期间不断对服务商所带来的价值进行评价，并有可能随时提出疑问，修改服务内容。保证持续地跟进、更新服务，将为B2B企业带来强有力的竞争。

领英（LinkedIn）是著名的商业社交平台，同时为许多知名企业提供营销创新咨询服务。在与IBM合作进行网上营销的过程中，首先，领英借助推广内容，将具有价值的内容推送给处于购买旅程中不同阶段的各类目标客户，助对方缩短决策周期；其次，利用领英值得信赖的沟通环境为购买旅程末端高价值目标用户提供个性化沟通服务，从而促成最终转化；最后，领英又采用实时分析工具，结合客户的后端数据，深入分析推广活动从曝光到商机各个环节的成效，以此为基础快速对活动创意进行测试和优化，探索出更为有效的执行方案。在持续一年的服务过程中，领英不断更新所提供服务，达到了合作双方都满意的效果。

许多B2B企业的从业者已经意识到了调整战略、迎合数字化潮流的重要性。一些国际知名的B2B企业的做法值得我们借鉴和学习，数字时代的B2B企业应该积极思考探索如何应对数字时代的客户需求。

马士基（Maersk）将公司的社交频道转变为一个全球海洋社区的枢纽；

约翰·迪尔（John Deere）创建了一个数字生态系统，以提高农业生产力和效率；

亚马逊（Amazon）使用B2C个性化工具提供量身定制的B2B体验；

米其林（Michelin）以"按英里"为计量提供轮胎，以保持客户忠诚度；

博世（Bosch）通过分析客户首选的渠道，获取CRM数据以定位客户；

库珀工业（Cooper Industries）设计了其电子商务平台，以提高导航性和可用性。

……

B2B平台的重要性体现在价格、易于找寻产品、品牌认知和信任度3个要素。"顾客评价"在B2C平台上的杀手级功能在B2B平台上被认为重要性一般，排倒数第五位。客服质量、订单追踪和交付灵活性及透明度是企业最为关心的功能。

企业的数字化也正在经历两个阶段：一是数字信息化阶段。围绕着企业的信息化和标准化展开，以提升边际效益为主要目标。

在数字信息化阶段，IT部门担纲第一配角，主导实施信息化和标准化的展开，CEO是背后主要推动者。二是数字化变革阶段。在不断变化的经济结构和商业环境下，通过大数据的分析和整合，制订新的生存空间和成长点，实现企业基本面的转型与重塑，进行数字化变革，变革过程会遭遇诸多挑战和不确定性，CEO要拿出极大的勇气和决心应对，亲自负责，这种状况是其他人无法完成的。CEO就是引领企业数字化进程的绝对主角，IT部门依然是首席配角，市场销售部门的戏份逐渐增加。随着数字化变革的逐步实现，研发部门的角色重要性日益凸显，运营部门逐渐退出。CEO拥有"变革性愿景"和"变革前瞻性"是能够实施数字化变革的最重要技能，排在第三的是领导者需要"了解技术"，是否拥有"数字修养"。

变革的愿景和变革的前瞻性都是建立在对商业环境改变和用户需求改变的基础上，因此数字化的企业都关注客户体验和效率提升，采用反复实验制定战略，并随时做出调整。他们期待客户提供给他们的是客户体验和效率提升的洞察及相应的解决方案。因此，用户洞察+行业专家+数字化解决方案专家是他们希望供应商能够扮演的角色。

对于传统企业来说，数字化转型的目的是"利用数字技术破解企业、产业发展中的难题，重新定义、设计产品和服务，实现业务的转型、创新和增长"。

数字化转型是基于IT技术提供一切所需要的支持，以洞察客户需求为核心，让企业的业务和技术真正产生交互。增强数字化转型对企业的竞争力、领导力都有积极作用。接下来，我们将介绍一下如何作市场洞察、客户洞察，以及如何建立独一无二的用户体验。

# 上篇
# 洞察客户，战略领先

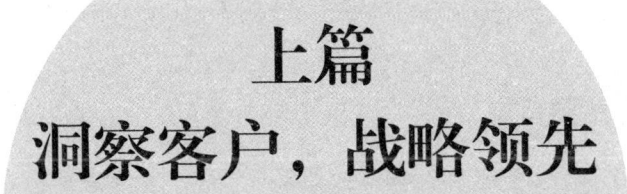

# 第一章 细分市场，洞察客户需求

**本章要旨**

第一，企业商业模式的成长始于对客户需求的洞察，让技术找到适合发挥的场景，结合商业模式不断拓展。而客户就是有机型成长的企业的核心基石！

第二，洞察客户的第一步是细分市场。细分市场的核心是洞察客户行为背后的动机及客户对产品、服务、体验的付费意愿！有了清晰的细分市场和洞察力，企业才能真正设计出有针对性的、省钱有效的市场营销手段。

第三，企业要把眼睛从紧盯竞争对手转到关注目标客户上，通过满足并超越客户的需求来获得忠诚度与口碑。同时激发客户的意愿，让企业成为能够帮助客户实现愿景的供应商，这是企业建立竞争壁垒的重要机会。

第四，企业客户的需求在不断演变，主要表现为如下四大趋势：一是从供应链管理转向生态化共存，企业需要管理自己的生态优势；二是从产品成本控制到总成本控制；三是从单纯产品需求转向预测性、预警性服务的需求；四是从价值满足到激发企业客户愿景的高端价值创造及捕捉。

第五，企业客户的需求不仅在企业层面，还在关键人的层面。如何识别关键人，洞察关键人的需求？我们将介绍一些方法。在此同时邀请大家关注企业采购的专业化、系统化的趋势，包括在重大采购时采购部门扮演的角色、采购分析的方法论、采购流程、决策权力的矩阵、购买行为，从而企业可以在组织结构上匹配对方采购部门的角色，提前做好关系管理以及采购规则设计，通过与关键决策人的专业与情感沟通来影响采购决策。

企业业务的成长来自于两个层面，一是有机型（organic）内生性成长，二是无机型（in-organic）外生性成长。有机型内生性成长主要靠产品的研发、品牌的推广、客户的积累、市场的拓展，不断攻城略地获得财务回报；无机型外生性成长就是靠收购、并购来获得营业额增长，通过协同效应节约成本，从而获得更高财务回报。大多数企业主要靠有机型内生性成长。企业的成长来源于我们提供了满足客户需求的产品、服务或者解决方案，而不是技术本身。技术需要结合客户使用的场景来发挥它的作用，后期结合合适的商业模式才能真正被客户接受和使用。因此客户是有机型内生性成长的核心基石！那么如何细分市场及挑选细分市场和客户呢？如何了解客户的公司层级和个人层级的诉求及行为背后的动机？如何按照客户需求匹配产品与品牌来拓展渠道呢？

## 第一节　如何细分市场，精细化洞察商机

中国市场庞大，但城乡差异大，内陆与沿海差异大，阶层消费习惯差异性大，但随着多年的社会稳定与经济发展，人们的消费观念逐渐走向成熟与个性化，而互联网的拓展和便利的支付与运输模式更加推动了这种消费趋势。因此，要有效地拓展市场，需要对市场进行细分，在切割后的市场找寻突破口，占据消费的心智，在建立并实现客户价值的同时，获取企业利益最大化。但是如何在传统的区域与人口细分模式下，找寻真正适合的细分模式，很多企业的市场和销售人员都在苦苦探索。下面通过一个案例来和大家分享可以借鉴的方式。

Paul（保罗），作为全球市场营销总监，是如何洞察 B2B 客户的需求，把全球港口进行细分，从而发现长尾市场的商机的？

全球国际性的港口有几千个，作为一个国际性的专门给船舶提供润滑油的公司——MoKa（摩卡），应该如何定位其产品和客户服务，从而提高客户满意度并提升业绩呢？

Paul 坐在他新加坡的办公室里苦思冥想。目前公司下面有两个名牌，如何将客户分类，将产品、服务和价格差异化经营？

一天，Paul 和销售在办公室咖啡间聊天，聊到某些大富豪常常去某个沿海岛屿游玩，那个地方只有一个小港口。他驾着游艇乘风破浪地去了，返航时需要加润滑油，当地没有供油设备，只得联系公司，公司会派飞机把游艇所需的油运过去，所有的运输费用都会额外收取。

Paul 发现小港口虽然客户量不大，消耗的润滑油数量有限，但

收取的服务费用并不低。受到这个经营数据的启发，Paul下定决心必须要了解清楚核心客户（购买润滑油的船队）的采购行为习惯和动力，洞察他们对产品服务体验的需求差异化，从而进一步设计营销方案。

Paul和战略总监、销售总监深入地谈了两天，决定从两条线着手开始调研，进而细分市场：一是绩效分析线。全球各大客户或各个港口的营业额、利润、利润率的贡献；服务水平的分类。二是客户需求线。按不同的利润率和客户大小，进行进一步的客户调研，了解他们不同船舶的航线特性，及对产品、服务和价格的需求特性。

经过了半年艰辛的努力，在Paul和销售团队的共同努力下，他们在原来的300个核心港口的基础上又增加了300个特殊服务小港口。考虑到新增港口的业务量较小，所以对新增的300个服务港口的销售服务定价比核心的300个港口高很多，以保证能够覆盖运输和运营服务成本，同时考虑客户对边缘地区服务的溢价接受度。

通过一年的试运行，最后发现新增的300个港口的销量虽然只占总的20%，但利润占到30%到40%，突出了长尾效应。

### 1. 市场细分的关键在于把握客户动机与付费意愿

市场细分（market segmentation）是指营销者通过市场调研，依据消费者的需要和欲望、购买行为和购买习惯等方面的差异，把某一产品的市场整体划分为若干消费群的市场分类过程。

细分市场的关键，不是根据自己产品的品种、系列来划分，而是从最终消费者的需求、动机、购买行为和付费意愿的强度来划分。只有把握住消费者真正愿意付费的产品与服务才是有价值的洞察。市场细分后，营销人员就能够针对不同的细分人群进行度身定制的营销活动，定位并有效地沟通，从而让精准标准的打法形成差异性优势和持续性护城河。

由消费者人群细分而产生的市场细分模式，同样也适用于企业客户，我们需要进一步来研究企业客户的采购模式、行为和态度。企业客户的购买行为看起来大同小异，无非都是要求价格低，服务好；但如果仔细地把颗粒度放小，你会看到共同需求背后有许多更加细腻的想法与价值观的诉求。

### 2. 全球领先公司如何有效细分市场

对市场细分是个技术活，既需要严谨的科学精神及对数字的分析能力，也需要透彻的人文心理洞察。在流程上，通常分3个阶段。我们以Moka公司为例，来帮助大家理解过程和模型的应用。

Moka公司除了给船舶提供润滑油外，还给汽车、工业、航空等行业提供润滑油。汽车润滑油的销量尤其占了主导地位。在汽车润滑油分销过程中，公司目前仅按渠道来进行粗犷的分类。他们决定选择其中的核心渠道来探索客户的行为和动机。考虑到独立经营汽车润滑油的维修店在中国有40多万家，如何进一步了解不同独立维修店的行为和态度，从而采取有效的市场营销激励措施来支撑产品分销才有意义，于是他们选择了市场细分这个渠道。

细分市场阶段一：发现用户的共性。

先分析客户的共性，然后不断地问自己："这对我意味着什么？"以此继续挖掘这些客户背后的购买动力假设（见表2-1）。然后通过定性的团体组调研（focus group）或一对一访谈总结并列出几十条可能的问题，并将这些问题分类进而依此建立市场细分模型。该阶段为探索阶段，在此期间需要分解流程，检查各种假设，建立模型和调整模型。

表2-1 发现用户的共性

| 客户的共性 | 这对我意味着什么 |
|---|---|
| 每个客户都想要好价格 | 这意味着我们需要找到价格和质量之后的杠杆点，让客户保持利润，同时感到增值 |
| 第一要素，质量要好 | |
| 87%的客户希望业务成长 | 这意味着客户愿意冒风险成长，我们需要提供相应的支撑，让他们挣更多的钱 |
| 大多数客户不想用降低服务标准来获得更多的利润 | 这意味着我们要满足客户最起码的服务标准，同时还要提供一个好价格 |

在仔细考虑了各种经营润滑油的管理期望后，研究人员找到了主要的维度，并按这些维度进一步定义了用户的诉求，大致有如下几点：一是交易导向，在满足基本服务水平的条件下，更喜欢和供应商对价格与付款条件进行讨价还价，以期达到更高的利润率；二是服务交付导向，把车辆维修保养作为个人的核心力量，以服务好车辆，保证车辆的安全为口碑宣传的核心点，而不是通过营销达到营业额和利润最大化；三是营销导向，通过营销和财务杠杆来获得业务的增长，不满足于车辆保养与维修带来的口碑与信誉，对获得一定的市场地位有成就感动机。

细分市场阶段二：作客户定量测试。

了解过这些用户诉求后进一步来看看哪些购买因子会脱颖而出成为不同诉求人群的主要购买动力。研究人员进一步邀请国际调研公司设计了60多个问题放进定性问题库来进行验证和测量，从而设计出各种可能的分类方案，使用最佳数据统计模型的分析来寻找关联性。

细分市场阶段三：进行分类。

把不同客户的业务管理动力进一步拆解为行为模式。通常的拆解分为几个维度：一是使用产品或者服务的参与度（必选）；二是对市场活动的设计难易程度的爱好；三是对产品或者服务的付费意愿；四是产品和服务在采购中的占比及重要程度等。

Moka 最终选择了客户对润滑油的决策和使用参与程度及客户对 Moka 提供营销策划复杂程度的爱好。按照不同客户购买动力的分析洞察把客户分成了 4 个象限。不同象限的客户需求和特质都不一样，具体如图 2-1 所示。

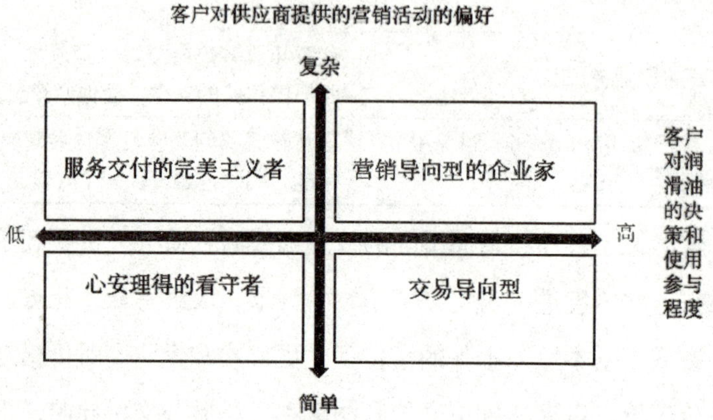

客户对供应商提供的营销活动的偏好

```
                复杂
                 ↑
   ┌─────────────┼─────────────┐
   │             │             │
   │ 服务交付的   │ 营销导向型   │
   │ 完美主义者   │ 的企业家     │
   │             │             │
低 ├─────────────┼─────────────┤ 高
   │             │             │
   │ 心安理得的   │ 交易导向型   │
   │ 看守者       │             │
   │             │             │
   └─────────────┼─────────────┘
                 ↓
                简单
```

客户对润滑油的决策和使用参与程度

图2-1　客户分类

交易导向型——

特征：他们成长并不快，所以喜欢讨价还价，并将此当作成功的必要条件。

诉求："我以精明的交易为荣——你需要给我一个无法拒绝的条件。"

企业的应对策略：Moka 对这些客户已经很友好了，我们不需要投入太多。保持和他们的友好联系，通过一年两次的大促销和另外两次小型研讨促销的机会把产品塞满他们的仓库，争取让客户在 Moka 促销期间购买他们所需的 80% 的产品，以此减少竞争对手的份额。

服务交付的完美主义者——

特征：他们坚信完美、卓越运营是最重要的，他们不会容忍供应商的一点点瑕疵。

诉求："我为我的顾客提供最好的服务——你也要做到最好。"

企业的应对策略：了解客户追求卓越的心态，我们也以高标准来提供我们的高质量的产品和及时的技术、投诉处理的服务，确保你们在客户服务方面的完美。因此我们制定了严谨的客户服务章程来确保我们承诺的产品质量和交付服务。

营销导向型的企业家——

特征：他们期待业务的成功，非常愿意承担风险。

诉求："我的事业必将走向成功——你将帮助我达到我的目标。"

企业的应对策略：清晰地了解客户对目标的设定，达到目标或实现目标的雄心；我们将给他们业务投资方面的支持，以长期的设备或者贷款支持的合同、以和客户共同成长的心态来获取并加大我们的份额或者独家协议。我们有明确的客户投资清单和合同条款，也为这些客户准备了足够的资源并在年初就作了分配。

心安理得的看守者——

特征：他们认为讲求效率和把基本事情做好很重要，希望业务操作容易且简单。

诉求："保持稳定对我很重要——你可以帮助我，使我的生意保持平稳。"

企业的应对策略：聚焦到让他们的生意更便捷的点，帮助他们实现稳定；走中间路线；保持一致；保持当前首要需要（常规性、稳定性、可预测性）。

通常外企会通过细分客户行为和诉求的系统来帮助全球所有的市场和销售人员形成统一的业务管理语言，便于对全球进行销售与市场管理、市场活动的策划、营销人员能力的管理与提升、流程再造。

用户细分奠定了重要的理论与实践基础。这个细分的过程适用于国外的产品进入中国市场，同时也适用于中国产品走向国际。其中的执行难点我观察到有两个：第一，统一的客户分类的研究往往是基于大型或者核心市场的客户调研形成，如果您所在的地区不是核心市场，那么有些特殊性需求就会被忽略。第二，客户的细分需要在本土市场进一步验证，即使是中国地区，由于地域广阔，南北、城乡行为习惯差异极大，因此也需要市场部与销售部同事能够真正地花时间和精力理解客户分类背后的逻辑，从而能够本土化这些细分的描述，形成真正有效的市场细分指南。

用户细分将不得不依赖于市场营销人员的直觉来判断。这里就需要营销人员认真做用户访谈，坦诚地分享并调整模型，以确保它的实用与指导意义；切不可以没有费用验证，或者抓着全球的大旗来压制本土的声音。

在研究的过程中，我们着眼于观察客户如何表达他们的商业希望（说），他们的商业行动行为（做），他们如何思考商业模式（思考）和他们对供销环节的感受（感觉）；有时候他们说的不一定就是做的，因此，我们更加要关注这些差异点。观察客户作决策不是一件容易的事情，为了辅助我们做到这一点，设计一个游戏让客户参与将是一个好的选择。比如，给客户一批虚拟纸币，告诉他，你有1万元，再把每个产品的功能都标明价格，让他在有限的预算中选择适合的功能，这时，客户对功能的选择就会让我们显性化地了解客户需求的差异和优先次序了。

当然，如何洞察在"冰山"下的信念会比较艰难，而这就需要我们不断地用"为什么，你会如何如何"的问题去探索和挖掘。信念是由价值观、世界观、身份等潜在的东西影响的；更深层次的影响还有企业愿景、部门愿景、个人愿景等。比如，价值观方面，客户如果有利他信念，他就会更关注他的用户的体验，愿意付出更多的服务去获得用户的认可，而减少对单位利润的关注；客户的价值观是利润至上的，他就会加强效率和经济性的把控，对供应价格、付款周期、交货周期、投诉服务等会更关注。

深入了解客户的运营情况，请求客户展示给你看运营中的表格、KPI指标等，都将有效地帮助你进一步了解客户，真正洞察客户的企业需求及个人诉求，从而能够立体地整理出客户对你的产品与服务功能和情感的需求，进而作好客户价值定位和解决方案。这样，才能真正打动客户，让客户与你产生共鸣。

这些市场细分的方法是否适用于互联网企业？

答案：是的，仍然适用。互联网企业获取产品投放后的数据速度快，点击页面的购买路径相对清晰易得，产品迭代成本较低，因此他们更习惯于用ABTest（2~3个产品投放测试）来收集客户购买行为参数，匹配客户画像来做出更加敏捷的产品与服务迭代，而非提前研究客户细分。但这并不意味着客户细分的方式在互联网的时代就不适用了，恰恰相反，可以说客户细分在数字化、智能化的技术支撑下有了新的更加敏捷的方法，而这些以用户购买行为为核心的用户分析，仍然需要作一些购买驱动力的定性研究，来进一步完善关于用户如何想、如何思考的洞察，从而可以举一反三地做出更具前瞻性的产品来引领市场。

同时需要留意的是，数字化营销由于主体人群相对于线下市场更加年轻化（"80后"、"90后"甚至"00后"），他们普遍具有强烈的"自我"特征，也就是说希望产品是与我的行为价值观同频，代表了我的追求，具有我的个性化特征、我的标签，我才会为它买单。这与"70后"们完全不同，"70后"们成长于经济起步时期，他们期望成为他们心目中的"他或她"，因此过去大品牌都会找代言人来打广告，启迪用户也可以成为"他或她"的梦想。而新的年轻群体则更容易被某个场景下的一句贴心话、一个小小的善举所打动。因此我们只有深度洞察到不同人群的购买动力，才能做到在表现形式上与这些年轻群体形成共鸣，才不会抄错"作业"。

这样的客户细分是否仅适用于产品推广模式，在共生共存的生态跨界市场是否仍然适用？

我的想法和答案是：仍然适用。即使是跨界的生态市场，我们也是以客户为核心，也更加需要了解不同类型的客户需求，从而界定客户需要的综合性的解决方案或者产品和服务中，哪些是我们的强项，需要我们来主导；哪些不是我们的强项，我们也不想发展，我们只需要寻找合适的合作伙伴来弥补这一弱项即可。

从传统集约式生产到未来网络式、生态式的生产，我们需要对客户的定义和对自己的边界定义都有更高的要求。"谁是用户"的市场问题和"我是谁"的使命问题常常需要更深层次的厘清才能够让企业内部人员在做决策时有个更加清晰的指导方针。2020年初我在给自如高管做客户洞察时，创始人提出的一个要求就是帮助他们的团队拓展"谁是用户"的思路，同时明确指出"自如"是"科技公司"不是"租赁公司"，也就是说自如是通过科技的手段帮助用户——租户更好地找到适合自己的房子，获得自己的生活方式；同时也是帮助另一些用户——个体或者集体出租房从租出房子中获得合理稳定的回报。

在数字化的升级转型中，需要拥有用户的多面化的数据信息才能达到集合的分析效应，才能做到更加精准的投放，这驱动了阿里和腾讯、美团等多家互联网企业进行多场景布局，把控用户数据的来源。

## 第二节　企业客户的公司层级需求在动态转移

无论什么行业或企业，在当前这个产品总体供大于求的市场困境中，他们所面对的最大挑战都已不再是竞争对手，而是如何赢得客户的关注和管理客户的需求。总的来说，企业客户的关注和需求变化有以下4个趋势。

**1. 从线性供应链管理转向生态化**

过去企业的供应链谁是上游谁是下游是清晰的，大家习惯了在线性关系上通过思考供应链上下游的延展来提供增值型服务。然而这几年，供应链已从传统的线性关系转为新型立体的生态化结构。

供应链优化会有效地突破供应端的时间、空间和资源的限制，扩大供应端规模和效率；同时在需求端，促进数量品种和单价上的突破，从而提升供需传递与匹配的效率，也让企业获得指数级的成长，并建立壁垒。下面来看几个相关的案例。

供应链线性管理案例：

DHL（公司名称由三位创始人姓氏的首字母组成，即Dalsey、Hillblom和Lynn）是世界著名的快递公司，医院是他们很重要的客户。为了进一步加强供应链建设，DHL为医院提供增值服务——将大包装拆成小包装，直接送到各科室。这种差异性增值服务帮助医院节省了大量时间成本和人力成本。医院使用后，会产生很多医疗废品，医院方面希望DHL进一步加强服务，将废品运送出去，这当然没有问题。正是通过这种深度的合作，DHL与其他供应商形成了差异化优势，既提高了竞争门槛，还更为牢固地加强了医院方的供应链体验。

2019年6月，DHL宣布：计划投资1.5亿美元，将其在美医疗药品配送网络扩大40%……并于当年年底在田纳西州、加利福尼亚州和弗吉尼亚州等地增加9个新的设施，使其在美医疗药品配送中心达到30个。

DHL生命科学及医疗部门总裁Scott Cubbler（斯科特·库布斯）表示："新增设施均配备有温控设备，可以满足医疗用品包装和运输需求，可以帮助DHL加强与医药、生物科技和医疗器械公司客户及病人之间的服务联系，集中差异化路线，提升操作效率。"

从DHL的发展布局中可以看出，最终要让企业升级为生态化企业，并成为生态化的中心，建立以DHL为核心的，以医院、医药、生物科技、医疗器械等为网络的生态化供应链。

### 洞察：商业成功的秘诀

供应链生态结构案例：

ARM（ARM处理器）为"抢食"Intel（英特尔）占据多年的服务器市场，不断推出新一代低功耗CPU（中央处理器）核心架构，并借此拉拢包括Calxeda、Marvell（迈威科技集团有限公司，现更名美满）、AMD（美国超威半导体公司）与TI（Texas Instruments，德州仪器）等在内的晶片商，壮大其服务器市场版图。

ARM服务器计划总监Jeff Underhill（杰夫·安德希尔）表示："在多年的积极布局下，ARM架构服务器生态系统正持续扩大中，且已有越来越多的晶片商陆续推出基于Cortex-A9、Cortex-A15、Cortex-A53或57架构的解决方案……ARM选择以开放的架构让各家晶片商、设备厂与系统开发者将自身的IP轻易导入，此一方式对于应用丰富的微型服务器市场相当重要，可让开发商能定制化服务器……"

综上所述，ARM为抢占服务器市场，正持续拉拢众多晶片商与设备商的支持，Intel为防堵ARM势力坐大，亦持续精进其新一代解决方案，双方阵营对市场的竞逐必将愈加激烈。

曾经，企业是线性经营模式，供应链结构为"生产产品→建立渠道→定价售出"。如今，供应链升级为生态化后，在同一个平台上各个供给端被链接，然后对接需求端。比如在ARM案例中，形成共同的使用属性，加强产品使用的共性依存，也是加大生态圈很重要的特征。因此在ARM里有专门的部门负责引导买家如何使用他们的IP架构，以期在未来（也许是3到5年后）的产品中考虑使用他们的IP架构来实现他们的产品功能。这种网络协同效应（Network Effect）大大巩固了ARM的同盟军和下一级客户的使用便利与体验。

生态化供应链关键在于以下几个特性：

一是供给平台化。企业供给不再只源于自身，而是整个生态供应链上，各自施展强势方面的供给，协同合作，有效避免单个企业的产能过剩。

二是阻止价值空间缩水，实现共赢。曾经虽处同一供应链，但仍是各自为战，结果是互相排挤。在生态化供应链上合为一体后，互攻变为共赢，企业的价值空间得以快速增长。

三是压缩成本，利益空间增大。曾经的盈利模式，主要来自产品、服务营收的价格差，如今成本在生态化供应链中得到了极大压缩，盈利空间被拉大。

四是拉动双边与多边市场，注重网络效应。生态化供应链的优势就是有效聚拢大量利益相关方，用彼此相关的生产与合作满足无限的需求。这样不仅可以大幅降低成本，还可以使利润不再依赖终端用户，呈现多元特性，盈利空间由此被放大。因此，生态的优势已经成为企业差异化优势的重中之重，独立于产品与服务差异化之外。

### 2. 从产品成本控制到企业总拥有成本控制

过去，企业购买生产资料或服务，主要看产品质量、价格及服务有效性，比如及时交货、产地远近等，而现在，左右企业采购的指标越发多维，其中一个显性的趋势是观察企业总拥有成本控制。

总拥有成本（Total Cost of Ownership）是由华硕提出的概念，由购买成本、操作成本、维护成本构成，旨在通过多角度、深层次解释、剖析为什么华硕智能主板拥有超高性价比。宝马也一度以总成本控制作为卖点之一和奔驰竞争。宝马告诉消费者：你们买我吧，不仅车本身有竞争力，以后的维护保养成本也将低于预期，单次大维护保养成本仅为奔驰的一半⋯⋯

产品成本控制是小方向、小范围的，总成本控制是大方向、大范围的。对于任何企业来说，总成本控制都是个大问题，需要通过专业的操作才能做到。但大问题最终能否解决往往又由一个个小细节决定，就像百安居的成本控制。

百安居是大型国际装饰建材零售集团，于1999年进入中国，在运营中长期奉行"一切投入都只为客户服务"的理念，以提供给客户更多的让渡价值为本。因此，企业的管理层相当寒酸，有没有老板桌不成问题，使用廉价钢笔是理所当然，不气派的办公室成为常态，对那些不与客户直接接触的部门进行资源配置方面的控制，总之"客户不会为你的奢侈买单"，就得自己节约些。

不要小看这些看似微不足道的节约，这让百安居每年的运营费占销售额的百分比远低于同行。比如，百安居会根据部门、全店、全国人力效率、卖场具体情况，进行人员配置调整。比如销售相关的员工配置，会设置以各部门为纵向坐标，以标准配置、实际配置、建议配置、销售达成、员工效率等为横向坐标的表格进行分析汇总。

更为具体的总成本控制不再详述，总之在百安居，每一项费用都有年度预算和月度计划，财务预算是一项制度，每一笔支出都要有据可依，执行情况会与考核挂钩，以充分保证总成本控制执行到位。

正因为百安居"降低损耗，人人有责"的企业文化深入人心，才使得其将原本只向产品要成本控制的错误观念彻底扼杀，变为向总成本要成本控制的正确方法。

企业降低产品成本的目的是向客户提供更具有价格竞争力的产品，

这将使得客户的购买成本下降，但这往往以损失操作成本和维护成本为代价。

操作成本、维护成本与购买成本，合体才是客户的总成本，保一损二显然不是客户想要的结果。一些显性的降价也可能会带来隐性的成本增加。因此，必须考虑如何保护客户的总成本不受损失，不仅需要对客户需求进行有效管理，同时也需要对营销人员洞察客户的运营环节、对产品与服务给客户带来的整体体验、对人效所带来的价值损益要有进一步的探索与衡量方式，从而将这些利益点书面化、可视化，进而和客户作进一步的沟通，从而形成价值营销的基础。

### 3. 从单纯产品需求转向预测性、预警性服务的需求

安顿是一家专注于健康领域的人工智能科技公司。以心肌梗死、脑卒中临床数据及中医子午流注原理为基础，构建出2602种心肌梗死、脑卒中发生先兆病理模型和14种器官健康状态模型。

然而，安顿并不满足于模型的贡献，因为防病高于治病，在用户并未受严重心脑血管疾病困扰时就给予其帮助，不仅对用户帮助极大，企业也可以创造更高端的价值供出。因此安顿致力于防控疾病医疗器械的研发，借助核心病理和器官健康状态模型，智能终端安顿护心手表可以24小时高频率监测用户心率、血压、血氧等数据，并通过变化趋势构建个人健康模型。

安顿的随身健康监测是系统性的，医生App可对用户健康进行全天＋全身＋全程的可视化管理；用户App实现了用户自主监测、医生健康指导、家庭互查共享、医院紧急救护，是集监测、管理、预警、救护于一体的服务系统。

安顿提供的能预防疾病的产品显然比单纯一款治疗疾病的产品要

更受欢迎,在任何时候,预防问题比解决问题更有诱惑性。企业也应该努力为客户提供预防性服务,将客户拉出只执着于对产品的需求的怪圈。

企业客户的需求除了表面的产品与服务,还有一些潜藏起来的需求也需要被解决,而且往往潜藏的需求更为严峻,令其消耗更大。因此,一些能够帮助企业客户解决隐性需求的"预防式解决方案"(prevention solution)更有价值,更能获得高价值企业客户的青睐。

相对于传统的解决方案存在于问题出现之后,预防式的解决方案是在问题尚未出现之前或者在企业客户未找到解决问题的方法之前给出一套或几套解决问题的方案。

大型轮船的柴油使用费用大概占到总运营费用的30%,随着柴油价格越来越高,占比也越来越高。因为轮船不能更换润滑油,就需要监测润滑油里面沉淀的氧化剂类的物质。而且柴油在使用过程中不可避免地会有一些油质漏到润滑油里面,此时就需要通过监测漏到润滑油系统里面的柴油元素的比例来知道轮船发动机里到底哪个部件出了毛病。

如果由轮船方自行检测,会占用很大的运营成本,鉴于此,我们开发了一款监测系统软件。

通过提出预防式解决方案,就可以洞察用户的采购需求,是看重简单的成本还是看重总体的成本。简单的成本就是传统的成本概念,即用户只注重购买商品的价格是高还是低。总体的成本带有很大的附加价值,因此很多用户重视的不仅是商品的价格,还有购买商品能帮助自己解决什么实际问题,因为后者的意义更大。比如,用户用润滑油的过程中,润滑油价格虽然贵30%,但给用户提供的解决方案可以帮助用户大幅度降低运营成本。

为客户提供预测性服务要求清晰地把握不同用户的主要购买动力，并测试他们对不同市场策划的反馈，然后根据所得信息有把握地进一步设计适合用户的销售方案。

一家公司专为风机提供润滑油。风电设备通常有二十几米高，靠人工检测风机轮机是不现实的，但风机又的确需要定期检查，以防内部出现严重磨损或损坏。

英国老牌润滑油公司嘉实多提供的解决方案是：先明确风机的一些干燥点（阻碍点），风机运转正常时曲线状态良好，但如果风机里面因为摩擦导致的碎屑漏到润滑油里面，摩擦点就会出现偏差。然后，在风机内部放置监控设备，提前预测风机里的兀素值，分析是哪些部件磨损严重。通过预防式解决方案，可以提前帮对方发现风机运转过程中的问题。

当然提供预防式解决方案是有代价的，用户将以更高的价格采购。但是，一些高价值产品的用户非常清楚他们的隐性成本与停工的损失。他们很愿意为这种服务付费来加大他们稳定的运营效率。而嘉实多以预防式解决方案为切入点，帮助自己建立竞争壁垒，也成为风机润滑油行业的领先者。

做好预防式解决方案需要：第一，深入了解客户运营的体系与管理指标。第二，跨部门协同完成预测。因为客户的问题是综合性的，预测必是跨职能行为。直接责任部门应是与客户沟通的一线部门，他们采集第一手资料，以共享形式面向本公司征集智慧。第三，预测是逐步逼近的过程。方案几乎没有完美和一步到位的，好方案也会经过逐次微调迭代，与客户共享共创。

### 4. 从价值满足到价值创造

早期的营销人员做营销时,核心任务是找出以下 4 个问题的答案:第一,提供什么样的产品才是市场最需要的?第二,给出什么样的定价是最合适的?第三,通过什么样的渠道推广产品是最好的?第四,采取什么样的手段促销能达到销售目的?

人们以答案为基础进行市场营销,逐渐发现其中存在的缺点,即过于以产品为导向,以致不够深入地了解客户需求。这种生产什么就销售什么的理论就是 4P,包含产品功能(Product)、价格策略(Price)、销售网络(Place)和宣传促销(Promotion)。

到 20 世纪 90 年代,产品由求大于供变为供大于求,此时企业逐渐倾向于捕捉用户心智,满足客户价值,4C 理论代替 4P 理论成为主旋律。4C 以市场细分人群开始(Conswmer),洞察细分人群的需求,了解客户愿意支付的成本(Cost),设计各种服务满足客户的便利(Convenience),并开展与客户的双向沟通(Communication)。其核心是以满足客户价值为导向,提供客户需要的产品与服务。

随着进一步的个体差异性意识的发展,人们很想拥有突破性的成就感以让他们看起来显得与一般人或一般的公司不同,此时产生了新的营销基础,即超越痛点(差异化),超越一般性需求(附加价值),与客户共创他们可以企及的行业高度,用新的愿景来激发和捕捉共同奋斗的目标(共鸣),从而让企业和其他供应商区别开来,成为一个生命的共同体。

既然提到"用新的愿景激发和捕捉共同奋斗的目标",愿景需要不断更新,才不会束缚我们的想象,才会激发我们的潜能。就如《人类简史》的作者尤瓦尔·赫拉利所说的,"研究历史最好的理由不是为了预测未来,而是要将自己从过去中释放出来,想象是否有另一种命运",研究客户需求也不是为了弄明白客户,而是要将自己从给予客户价值满足中解放出来,激发企业客户愿景的高端价值,积极创造与捕捉价值。

日本企业历来追求"just in time"(准时制生产方式)的服务状态,但仅满足于此是不够的,还要激发企业客户的愿景。比如我亲身经历的著名的"气味管理"。

当年去尼桑设立在广州的一个部件厂,先到一线工厂观察员工工作。进入工厂就闻到一股润滑油因长时间放置而氧化发臭的味道。虽然为遮盖臭味而加入了除臭剂,但还是很明显。更严重的是,除臭剂会损害皮肤,有些工人因戴手套不及时或因作业关系不得不摘下手套,就会导致身上皮肤过敏发痒。

生产线上的员工普遍二三十岁,这样的工作环境会导致他们的身体受伤害,员工会进行投诉甚至因此选择离职。对于企业来说,成熟的员工极具价值,如果因为这个导致员工大批量离职,既影响生产,又会抬高人力成本。尼桑作为世界一流的汽车企业,需要体现人性的关怀,让员工在无伤害环境中舒服愉悦地工作。

因此,尼桑要作的不是指导员工戴手套,也不是采购防护性能更好的手套,更不是寻找对皮肤损害稍小的除臭剂,而是要寻找到绿色环保的润滑油。我们就从单纯的产品和产品相关的供应链的价值满足出发,激发其主动做一些更具高端价值的工作,即激发尼桑与我们主动就使用绿色环保的润滑油展开合作。

上述案例是激发企业客户愿景的高端价值的捕捉。那么,什么是激发企业客户愿景的高端价值的创造呢?捕捉是原本存在的,经过发现后得以掌握;创造是原本不存在的,经过开发后获得。

## 洞察：商业成功的秘诀

某家全国占有率第一的标识企业，未来的发展方向应该是怎样的？是继续保持行业第一吗？当然不是。我的建议是："如果不能成为一个智能化的标识公司，即便现在占比最大，全国仍有多个强劲竞争对手，每一家都在想办法弯道超车，他们的'弯道'在哪里呢？就是智能化。"

该企业表面虽是全国最大，但实际情况并不乐观。随着互联网崛起，标识已经并非不可替代，完全可以用线上方式代替线下标识。而且因为与时代结合不够，并没有跟新兴的智慧城市的概念结合在一起，"如果企业不能朝智能化转型，就丧失了整个先机……转型需要提前3到5年去研发适用于未来的系列产品"。

要做到成功转型，需要在产品生命期管理和产品组合运营等方面下功夫。因为该企业本身也有转型适应新市场的意愿，最终达成助其企业转型的深度合作协议。该企业负责人说："我想跟你们一起探讨未来3到5年，我方到底应该做哪些数字化的解决方案？线上和线下怎么结合在一起？以及和未来的智能城市怎么结合？"

这就相当于激发了客户的愿景，从前对方只是想要成为标识行业的第一名，营业额和总规模是第一衡量要素。未来的企业愿景就完全不一样了，"要成为标识行业里面在智能化方面最好的企业，把其他竞争对手撇开"。

只有从价值满足转为激发企业的愿景，才能真正帮助该企业建立高维的市场策略，从而让该企业在市场的价值差异化，和竞争对手拉开显性距离，从而获得溢价和谈判的主动权，在有机型成长的路上走得更加轻松。

## 第三节　洞察企业客户的关键人需求

客户的需求既体现在公司的诉求上，也体现在掌控该决策的关键人的诉求上，人与事情始终交错在一起。因此在洞察客户需求的时候，我们还需要做好客户的微观需求洞察。从客户画像或者关键人画像到访谈及洞察，总结客户的整体需求。

**1. 如何识别关键人，洞察他们的诉求**

关键人很重要！

关键人是谁？是这场交易的最终决定者吗？

关键人是谁？是能够影响交易的人吗？

关键人是谁？是可以对交易的达成提供建议的人吗？

……

关键人不只是最有权力的人，关键人有时候不是"县官"，而是"现管"，他们不是掌权人，但他们的反对或支持意见对销售工作能否继续开展有重大影响。必须要去识别这种关键人，并且能良性地管理关键人，以尽快促成销售。

如何识别关键人呢？我们需要借助关键性工具去发现。

通常情况下，一项大型决策项目至少要有六个关键人——决策者、建议者、影响者、采购者、把关者、使用者（见表2-2）。

表2-2 关键人角色与权力

| 关键人 | 关键人的职责 | 关键人的作用 | 关键人的关注点 | 关键人常问的问题 |
|---|---|---|---|---|
| 决策者包括公司负责人、高管人员和董事会 | 制定标准、条件，控制经费、拨款、表决权，选择供应商等 | 最终对产品或服务做出选择的人 | 购买行为对公司发展的影响 | 从这个购买投资中，我们能够得到什么回报 |
| 建议者包括项目经理、项目相关负责人 | 提出成本节约、解决问题、投资机会等建议 | 确认购买需求和给出购买意见的人 | 影响购买行为进程的因素 | 产品（或服务）有哪些优势和不足 |
| 影响者包括公司高层、技术专家、意见领袖 | 提供和解释当前的状况，并为评估方案提供信息 | 意见对决策者具有一定影响的人 | 购买行为对企业的有利点与不利点 | 产品（或服务）能给我们带来什么价值 |
| 采购者包括采购经理、财务经理 | 管理采购流程，负责商务谈判，调查供应商背景，实施采购 | 管理与供应商之间的关系，进行常规谈判的人 | 控制采购成本，约定付款条件 | 更优惠的价格和付款条件 |
| 把关者包括总工程师、技术专家 | 协助确定购买要求参数，衡量卖方方案并提出建议 | 不能说"Yes"但可以说"No"的人 | 产品性能指标 | 产品（或服务）符合（技术）指标吗 |
| 使用者包括车间负责人，以及一线操作人员 | 判断产品或服务对其工作效率的影响 | 使用或管理使用产品或服务的人 | 产品或服务的质量、功能性和便利性 | 如何帮助我们更好地完成工作 |

综上，这六类人对购买决策的影响力大小是不同的，但都是有作用的。根据每次购买的具体情况，每个角色会由不同的个人、部门负责人和高级管理人员担当。因此，在购买过程中并非所有角色都参与，在一些主

要购买活动中六种角色会齐聚一堂，在一些次要购买活动中六种角色会相应缺失。但无论有几种角色参与，可以肯定的是，他们有某种共同的目标，并一起承担决策引发的各种风险。

现在，购买双方中的一方人员组成已经清晰，就是以六个关键人为基石形成购买团队。在一个完全竞争的市场中，客户方每多一个关键人，采购中标失败的概率就将增加20%。但销售人员不能祈祷对方减少关键人配置，而是应该多了解客户，识别出谁是影响销售成败的关键人物，并判断关键人角色的权力、态度、期望等。总之，关键人就像一把打开销售之门的钥匙，找到关键人后门才能轻松打开。

想要成功得到这把钥匙，我们需要了解这些不同角色的人的诉求，而只有满足了他们的诉求才能更好地获得他们的支持。在企业采购中，我们将他们的诉求分为个人诉求和企业诉求两种。这两种诉求常常纠缠在一起，无法分开。

企业诉求比较容易清晰，包括产品要求、成本、效率、服务标准和范围、付款周期、交货条款、技术服务、投诉处理等。企业诉求还包括企业对个人的管理KPI，这往往也影响着他的个人诉求。

个人诉求可以参考美国著名社会心理学家、第三代心理学的开创者亚伯拉罕·马斯洛的需求层次理论，其诉求层次主要包括生理需求、安全需求、社交需求、尊重需求、自我实现，从中都能够找到对方的购买动力与障碍（见图2-2）。找到对方诉求的驱动，取决于我们的个人洞察能力和对方对我们的信任。而达成这些诉求，则取决于企业的合规标准、个人的信任度建立和对方的价值观体系。

当然，如果有可能，我们也需要更进一步了解客户企业的工作风格和影响力方式，这样我们才能更好地借助支持者的角色来把握机会线索，让它生根发芽。

图2-2 需求层次理论

## 2. 管理好关键人

针对客户关键人的管理，往往也是针对大客户的管理，毕竟中小客户不需要多个关键人的配置。小客户在经过客户建档和分级之后，就可以进入客户拜访阶段，只要加强对拜访计划、拜访频次、关键动作、客户关系紧密度的管理，就可以引导购买项目快速通过。但与大客户开启营销的核心是商机孵化，必须在建立自身优势的同时，隔绝竞争对手，关键人管理在其中是非常重要的环节（见图2-3）。

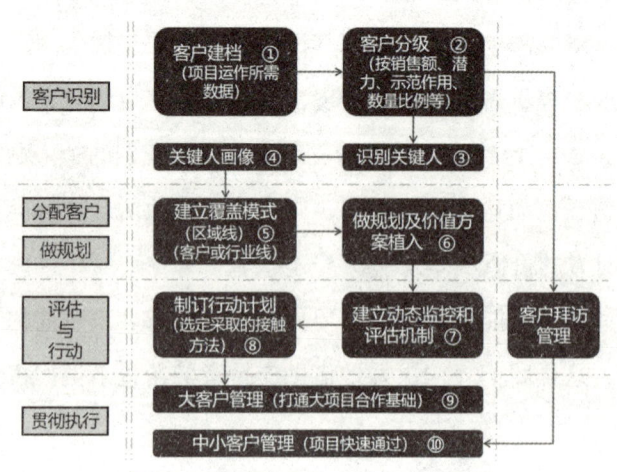

图2-3 大客户营销中的关键人管理

客户建档是企业客户的 360° 信息描述，根据行业和企业需求而定。

客户分级建议采取综合积分法，根据客户的销售额、潜力、示范作用、数量比等多个维度得分乘以权重，相加累计之和，得出客户总得分，再根据积分排名进行分级。

识别关键人和为关键人画像，是建立自身优势和隔绝竞争对手的重要一环。一幅完整的关键人画像不仅是对其个人外在行为的描述，还有着更多的呈现。一是厘清各关键人在购买路径中扮演的角色及权力位置，如职位、人际关系、决策能力等。二是掌握各关键人判断项目的依据和倾向，如专业型、务实型、均衡型等。三是正确描述各关键人对我们的态度，如强正向、正向、中立、负向和强负向等。可以分为两种态度模式：一种是脱离本项目的总体态度，另一种是基于本项目的当前态度。四是描述我们与各关键人的接触程度，如未接触过、偶尔接触、多次接触、深层接触等。总的可以分为两种接触状态，一种是脱离本项目的接触程度，另一种是基于本项目的接触程度。

建立覆盖模式指的是，存量大客户可由地区销售负责，总部聚焦对大客户的资源支持、动态评估和考核，并承担对地区销售的任务分派、指导和培训的责任。某公司即采取大客户由地区销售直接负责的模式，地区销售直接向当地分部负责，但需向大区大客户总监汇报。

要作好规划及价值方案植入，首先，作规划时一定要把如何在关系上和方案上建立自身优势与隔绝竞争对手的内容作为重点介绍。其次，价值植入需说明我们用了什么方案，在软硬件实力上有什么优势，能给用户创造什么业务价值，还必须加入与前两名主要竞争对手的对比。

建立动态监控和评估机制需从三个方面着手：一是客户重要性。再次通过综合积分法去评估大客户是否为重要客户。评估频率可以是 3 个月或半年一次。二是关系紧密度。用来评估我们和客户之间关系发展得如何。评估频率建议一个月一次。三是客户需求和自身能力。分析 3 个月内、3

个月至1年内、1年至3年内，这3个阶段客户对我们相关产品、服务和方案的需求，以及为满足这些需求我们的能力和资源差距。评估频率建议是1个月或3个月一次。

制订行动计划是到了真正与大客户开启购买路径的阶段，如果说前面是企业的自导自演，那么从这一步开始就进入了高手过招阶段。

销售是一个过程，最少分为初次拜访、技术交流、商务沟通、商务谈判、履行合约等几个重要阶段。在购买路径中，不同阶段对应的关键人是不同的，牢牢抓住各阶段的关键人是推进销售的重要保障。

处在初次拜访客户阶段，工作目的以收集客户信息为主，面对的关键人可能是客户方的一般工作人员，也就是客户的建议者。

处在与客户的技术交流阶段，关键人就必须锁定客户的技术总工或其他技术负责人，也就是把关者。

处在商务沟通阶段，关键人必须选客户的总经理、总工、董事长这样层级的人，或者是给客户方高层施加关键影响力的人，也就是决策者和影响者。

处在商务谈判阶段，等于客户方的决策者同意进入购买路径，关键人降级为实际进行谈判的人和能为谈判提供实际帮助的人，也就是采购者和把关者。

对客户的管理和对关键人的管理，涉及销售工作的方方面面，需要敏锐的洞察力和相互博弈才能精确实现。

## 第四节　洞察与应对企业客户采购专业化、系统化的趋势

全球化引领了专业分工的潮流，而数字化科技更让采购行为日趋便

利，让价格和成本变得透明；数字化的采购工具和工作流程越来越成熟，更加容易获得供应市场的专业知识和使企业内部不同参与者更好地执行采购合同。这同时也让同质化的市场竞争更加激烈。

因此洞察客户，就必须要了解客户日常管理时的各个部门的角色分配及权力分配。在大型采购中，尤其要了解客户采购部门扮演的角色，包括采购分析的方法论、采购流程、决策权力的矩阵、购买行为，从而我们可以在组织结构上匹配对方采购部门的角色，提前做好日常的关系管理以及采购规则设计，通过与关键决策人的专业与情感沟通来影响采购决策。

**1. 欧美公司如何应对客户的采购专业化**

（1）重视采购部门，他们不再只是压价的人。

在公司内部，采购部门不再只是局限在后台运营的职能部门，它和公司的其他部门如销售、市场等一样，是一个专业化的部门，直接影响公司的短期和中长期业绩及公司的利润。从作业的标准流程来讲，采购行为是一门科学。

随着各个供应商提供全球化解决方案能力的提升，全球采购变得十分便捷。2019年的研究报告显示，采购成本约占销售成本的七成，而整个公司的员工成本才占13%。不少供应链背景的专业人士逐渐迈上了CEO的台阶，如GM（通用汽车公司）的Mary Barra（玛丽·巴拉），苹果的Tim Cook（蒂姆·库克），Ford（福特）的Nick Scheele（尼克·谢勒），Perrigo(百利高)的John Hendrickson（约翰·亨德里克森）。

以一家销售额达到10亿美元的公司为例。采购成本7亿美元，员工成本1.3亿美元，利润率5%，即5000万美元。采购成本每降10%，即7000万美元，员工和其他成本保持不变的话，利润率将提升至12%，即1.2亿美元。

（2）专业采购部门是品类管理专家，他们可能比你更懂你。

品类管理是一门严谨的科学，建立在标准化的作业流程基础上，被采购顾问和品类管理专家广泛应用，其基本标准流程几乎为世界上所有知名公司的采购部门使用，呈现出系统性、规律性和连贯性的特点（见图2-4）。

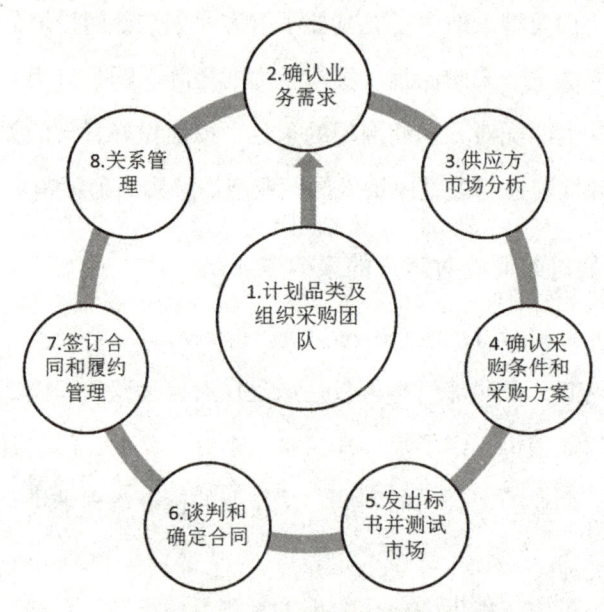

图2-4　品类管理的流程

（流程包括：1.计划品类及组织采购团队；2.确认业务需求；3.供应方市场分析；4.确认采购条件和采购方案；5.发出标书并测试市场；6.谈判和确定合同；7.签订合同和履约管理；8.关系管理）

根据特定品类采购成本的重要性不同，以上流程将按照每个年度或者其他不同的频率重复进行。在流程的执行过程当中，采购部门面临不少挑战。在公司外部，尽管采购部门理解"价值"和"成本"之间的关系，但往往被CFO（首席财务官）推动不得不更加关注与供应商进行砍价；在公司内部，其他部门往往对采购部门存在类似官僚主义、掣肘过多和反应迟延的印象，从而使得采购部门和公司其他部门关系比较紧张。

（3）采购部门比你想象的要成熟，而且影响力巨大，企业需要系统的应对措施。

采购"成熟度"与"影响力"是控制采购决策的关键决定因素。对于客户经理，应设法回答一些关于成熟度和影响力的问题。

关于成熟度问题：首先，采购是结构化、正式的"品类管理"过程还是临时购买？其次，采购主要是对谈判价格感兴趣还是对讨论"总成本"感兴趣？最后，采购是否有供应商关系管理项目，寻求合同后的持续改进？

关于影响力的问题：首先，我们对采购部门与其他参与采购决策的利益相关者之间的关系了解多少？其次，客户的最高管理团队对采购的重视程度我们了解多少？最后，采购决策涉及多少人？我们是否与他们每个人都有关系？

采购分析将根据采购团队的成熟度和影响力将采购部门划分为四种类型，每种类型的特点如图2-5所示。

**成熟度优于影响力**
- 风险与声誉保护
- 成本、服务和合同管理
- 绩效管理

**影响力优于成熟度**
- 高临界类别
- 买方比公司地位高
- 集中决策控制
- 积极的储蓄重点

**影响力和成熟度皆佳**
- 注重成本和价值
- 供应商更新捕获
- 供应商关系与绩效管理

**影响力和成熟度皆弱**
- 低临界类别
- 买方比公司地位低
- 分散决策
- 价格节约重点

（学术型采购团队、集合型采购团队、专业型采购团队、行政型采购团队）

图2-5　四种采购类型

第一，专业型采购团队：他们的成熟度和影响力都很强，表现在他们既注重成本也注重价值，他们不断更新供应商信息，对行业趋势与变化相当敏锐，他们注重与供应商协作的关系，并做好供应商绩效管理的工作。

第二，行政型采购团队：他们成熟度和影响力皆弱，表现在他们在公司里面地位较低，属于执行类角色。他们通常被要求节约成本，喜欢通过降价来彰显他们存在的价值，因此对价格很看重。

第三，学术型采购团队：他们成熟度优于影响力，表现在他们对专业很在行，他们非常热衷于保护自己和公司的声誉，对风险有强烈的规避意识；他们注重成本、服务和合同执行的管理，严格管理供应商的绩效。对技术和交付质量很敏锐。

第四，集合型采购团队：他们影响力优于成熟度，表现在他们通常参与核心的部件采购，在公司地位较高，集权并看重成本。

欧美公司作为供应商，在和以上四类采购团队打交道时，通常需要预先了解对方的相关特点，并且给出下面的一些应对措施来管理他们的期望值。

专业型采购团队要和每一个人都建立紧密关系。一是同时与采购团队和自己的内部利益相关者建立密切关系；二是关注带给采购团队的量化价值，考虑客户的客户；三是虽然这是一种高度压力的关系，但是需要作长期的维护管理；四是留意服务的成本。

行政型采购团队要让客户中使用您产品和享受您服务的人愉悦。一是建立和客户中的产品使用者与决策者的关系，并影响其对于供应商产品的认知；二是确信供应商自己的产品在市场上的典范性，以防止买家中的高阶采购经理或其他高管对于供应商产品产生对己不利的想法；三是既要和客户建立联系，又要防止过分亲密。

学术型采购团队要放长线，钓大鱼。一是了解采购团队的目标和指标并帮助其实现；二是量化供应商产品的价值并帮助买家采购团队进行内部销售；三是前瞻性思维，因为买家采购团队也许在着手扩大他们的权利和影响力；四是成为买家采购团队的顾问。

集合型采购团队要不遗余力地去帮助客户采购团队处理成本方面的问题。一是接受客户具体的改进方案，包括成本、质量及交付；二是主动和客户采购团队建立关系，并以自身产品的优越表现来巩固客情关系；三是对于客户内部其他利益相关者需要花时间和精力去建立紧密关系；四是保持自身产品的优越性，以防止被其他供应商取代。

（4）你了解客户的采购策略吗？不同的采购策略，要匹配不同的供应策略！

根据采购品类的采购额和市场获取的难度及风险，采购策略可以分为四种类型。

一是战略型采购策略：采购额和市场获取的难度及风险皆高。因此，采购团队的策略是，要处理好管理与供应商的关系，制订长期的采购合同，让成本更加透明，跨部门合作，有意识地降低对于供应商的依赖；供应商的策略是，要围绕巩固和客户的关系的策略建立跨部门和双方高层的关系与合作，关注差异性。

二是交易型采购策略：采购额和市场获取的难度及风险皆低。因此，采购团队的策略是，要简化、标准化采购流程以减少精力投入，同时考虑外包方案；供应商的策略是，要围绕保持在"雷达"下的策略帮助客户简化采购流程，表现好同时少犯错以避免不必要的关注。

三是苛求型采购策略：市场获取的难度及风险高于采购额。因此，采购团队的策略是，要管理风险，标准化采购规格，发展备选的供应商；供应商的策略是，要减低风险，固守自身产品的价值并采取和客户充分合作的策略。

四是集合型采购策略：采购额高于市场获取的难度及风险。因此，采购团队的策略是，要最大化执行降价策略，制订强硬的谈判方针及做出对于价格的深入分析；供应商的策略是，要展示具体的价值，接受降低成本是第一要务并让自己始终保持在供应商名单中。

采购从根本上讲，是对价值感兴趣，通常由3个价值杠杆定义：增加收入、降低成本、降低供应链风险。即任何供应合同和关键关系的成立，要看能否在实现增加收入与降低成本的同时，也降低供应链风险。

衡量价值是具有难度的，因此准备多个关键绩效指标可以帮助采购人员来显性化衡量采购价值（见图2-6），帮助采购内部进行有效的关键人影响，从而达成采购共识。

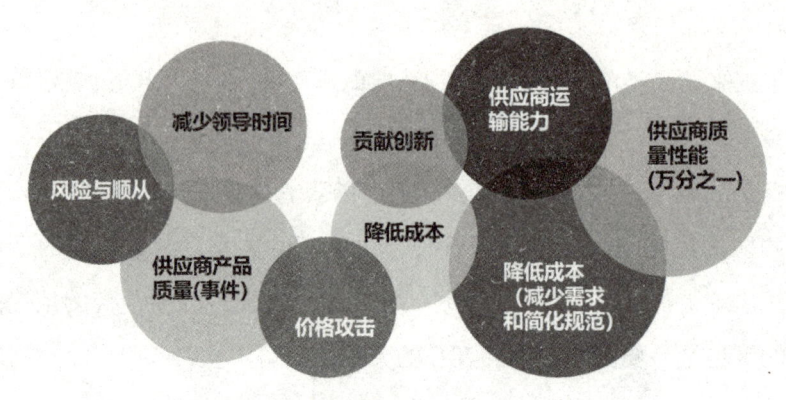

图2-6　衡量采购价值的关系绩效指标

### 2. 和采购部门谈判需要提前布局

一般公司接了客户采购招标书（RFQ）后就开始准备招标书，并和各个关键人协谈。但事实上，这时已经太晚了！但实际上，领先的公司提前3到6个月或者更早就已经开始做准备工作了。有几个管理关键点建议大家参考：

第一，决策人管理的时间、层级和提前量。

对于品牌资源充足，期待通过增值型服务来提升业务渗透的大供应商而言，决策人管理不应该只停留在战术层面；事实上我们应该努力去推动战略合作关系，从而让决策层次上升到对我们有利的地位。比如，品牌战略合作、产品开发战略合作、渠道战略合作等。在进入了战略合作阶段之后，价格的比重就会减轻，大家会更加注重长远的价值回报。

对于品牌资源不充足的中小公司而言，提前建立决策人关系，并在核心优势上进行教导宣传工作，就会比较重要。

第二，谈判中技术标准的拟定。

尽早地接触技术部门，从而能够了解技术标准，在和谐的关系下共同探索对双方都有利的技术标准组合，并引导对方将它们指定为采购标准。

第三，谈判中商务标准的制定。

当采购部门权力不大，压力却很大的时候，他们会更加偏重于价格，而不是其他影响客户体验的软性指标，比如，品牌的知名度与美誉度、运输与投诉时的处理流程、技术服务等这些高成本指标。这样一来，对高服务附加值的公司就很不利，这时候我们需要把各种软性指标可能带来的伤害以及隐性成本提前3到6个月通过各种方式分享给相关的人员，从而培育出大家的风险意识，将软性条件加入到标书中，形成对我方适配的商务标准。

目前，政府采购平台化，医院采购集中化，各行各业都在推动采购的透明化、系统化和专业化进程；同时很多海外的企业也将他们的采购中心放在了中国，这些都有利于采购专业化大趋势的形成。国外一些商学院已经把采购纳入到专业科目中，专业采购们也在学习战略定位、品类管理、战略谈判、权力分配、价值链管理等商科，形成体系化的思路和打法。

这一章，我们介绍了如何通过洞察客户来细分市场，介绍了客户的各种需求演变的趋势，以及因价值链管理应运而生的采购专业化、系统化的变化。在生态中共生的企业是有机体，更强调随时互动，共同适配共同成长，对于双方的要求都需要随时沟通和联动，产生最大的共识和效能。

# 第二章　企业客户价值定位

### 本章要旨

第一，客户价值定位帮助你与客户价值观同频、语言同频，加强满足并超越客户需求行动的效率。客户价值定位是连接公司组织能力与满足客户需求的桥梁。

第二，本章介绍客户价值定位的方法论。用京东的案例帮助大家了解如何全面赋能渠道，将我们的市场定位与客户的价值需求不断地进行磨合，建立最强差异性的优势壁垒，获得长期回报。

有了细分市场，找到了目标客户群，了解了不同细分客户群公司层级宏观的需求变化趋势和客户关键人的需求，尤其是加强了对采购部的权力和职责的了解，就可以开始做整体的企业价值定位，并在落地时针对不同关键人进行细致的价值定位描述和落地方案了。

为什么需要客户价值定位呢？不同的客户类别带来的战略价值和客户终身价值不一样，公司的投入也不同，这在第四章里面会详尽介绍。我们只有把握好客户在不同发展周期里对供应商需要的不同价值，供应商有效地理解与洞察公司层面与个人价值实现的差异，精准地匹配解决方案，才能有效地发挥组织能力，妥善使用资源，最大化形成差异化竞争优势和客户忠诚度。

# 第一节　培育用户思维，定义企业客户价值

做了多年的市场策划后，发现团队最容易走入的工作误区是以自我为核心的设计和把企业认为好的方案提供给客户。但事实上，客户不要你觉得好，他们要"他们觉得好"。同时客户里的不同层级的人员或者同一层级的人员认知和执行水平都不同，导致相同的活动不同区域的人执行差异都很大。

**1. 以客户为核心来设计方案的做法**

如何真正有效地以客户为核心来设计企业方案呢？

一是从客户的成长角度分析，要摸清客户业务增长的动力来源于哪里，是存量市场还是增量市场，是价值驱动还是成本驱动。总之，不同的挑战，不同的解决方案。

二是从企业组织能力的赋能角度分析，看企业能够提供的增值服务是什么，是为客户带来流量、营业额、更好的利润，还是消费者满意度。有时候，表面上看起来客户只在乎价格，企业品类对客户的业务指标贡献也很小，但事实并非如此。

下面通过图 2-7 来作详细的阐述：存量市场是从有到优。市场的现状已经基本确定，竞争围绕市场份额，常见的是价值链竞争，即全面竞争每一个环节。在红海里，想要保持业绩增长，就需要在价值创造、价值再分配和价值捕获上兑现客户价值。

增量市场是从小到大。市场的边界在扩散，整体量持续提升，甚至可以蚕食其他品类的市场。在整体规模增加的市场里，需要及时识别价值才

能兑现客户价值。当客户价值实现后,客户就会给予供应商应有的回报。

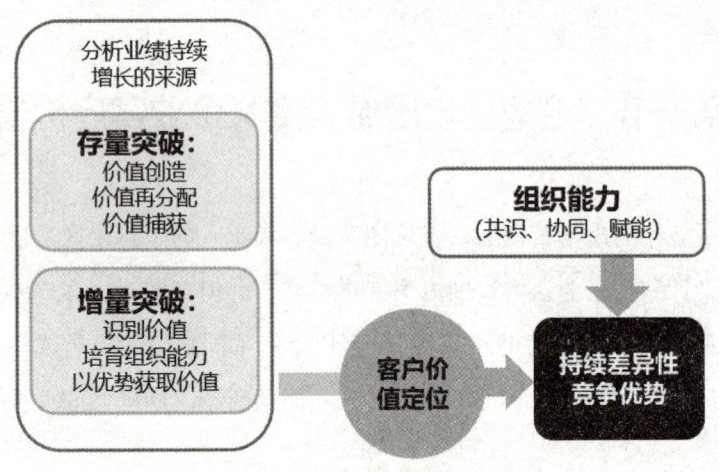

图2-7 差异性优势分析

客户价值就是解决客户的痛点或者满足其燃点,企业能够提供这样的价值,就是企业优于竞争对手的地方。

**2. 客户价值的研究方向**

客户价值的研究方向是:企业与客户,双方互为价值感受主体与客体。

企业对于客户,是从客户的角度感知企业为其提供的超值产品和服务。

客户对于企业,是企业根据客户的消费特征等变量,得出企业进行差异化的方向和标准,这是客户为企业创造的价值。

通过上述研究方向的分析可知:

以客户的角度看待客户价值,是客户从某种产品或服务中所能获得的总利益与在拥有该产品或服务过程中所付出的总代价的比较,即 $Vc=Fc-Cc$。其中,$Vc$ 表示客户价值;$Fc$ 表示客户感知利得;$Cc$ 表示客户感知成本。

以企业的角度看待客户价值,是企业从与其具有长期稳定关系的并愿意以合适价值购买企业提供的产品和服务的客户中获得的收益。一定要强调"长期稳定关系",是因为客户的生命周期对企业具有不同的客户价值,如一个经常与企业保持接触的客户,其价值一定大于一个偶尔与企业接触的客户。

## 第二节 企业客户价值定位的方法

### 1. 企业客户价值定位的内涵

客户价值定位(Customer Valuepro Position,CVP)概念由詹姆斯·安德森在2006年提出,最初是用于帮助企业确定产品特点,扩大产品优势,后逐渐演变为分析用户对产品的需求,以及产品的价值,帮助企业找到与其他竞品的差异化竞争突破口,夯实产品的竞争优势,巩固客户对企业的忠诚度和其自身在行业中的生态位置。

洞察客户价值,目的是实施客户差异化管理,可达成双向利益驱动。从客户的角度,可以获得企业更精准、更完善、更高效、更具未来成长价值的产品或服务。从企业的角度,鉴于客户规模和利润贡献不同,企业对客户进行分类管理,能够使企业将有限的资源优化配置,实现高产出。

客户价值的区分可以分为客户与企业的战略匹配度和客户终身价值两个方面。其一,客户与企业的战略匹配度是定位匹配、能力匹配、价值观匹配三个匹配度的综合。其二,客户终身价值是客户购买、客户口碑、客户信息、客户知识、客户交易五种价值的综合。

找到合适的客户群,考虑到不同的客户给企业带来的不同价值将客户分为四级:战略客户、利润客户、潜力客户以及普通客户(见图2-8)。这个分级是动态的,每年都需要重新回顾和调整。

针对不同的客户群体,企业要进一步挖掘客户洞察,选择正确的价值定位和制订解决方案，从而更加有效地实现企业的发展。

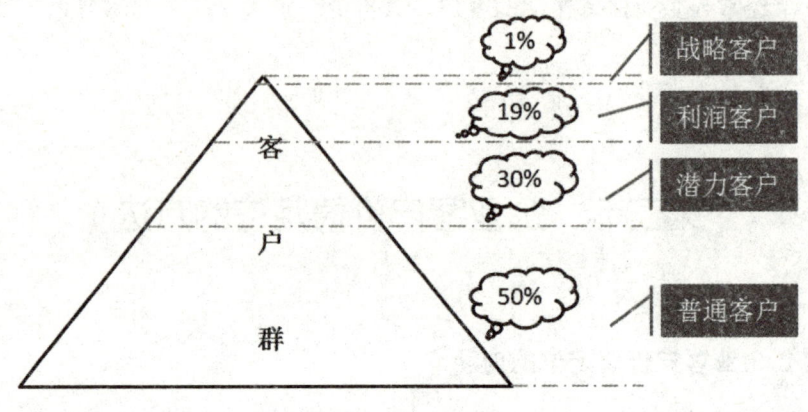

```
                    1%  ─── 战略客户
                   19%  ─── 利润客户
         客户群     30%  ─── 潜力客户
                   50%  ─── 普通客户
```

图2-8　客户分级

第一，战略客户是终身价值高、战略匹配度也高的客户。

战略客户处于客户金字塔的最高层，是能够给企业带来最大价值的前1%的客户。这类客户是产品和服务的重度用户，是企业客户资产中最稳定的部分。他们不但有很高的当前价值，也有巨大的增值潜力，未来在增量销售、交叉销售等方面有潜力可挖。或者是他们目前的销量还不高，但是和他们在一起，能够为企业带来很好的商誉背书，因此深入研究并与他们合作，能够为企业其他客户带来标杆的作用，值得企业投入战略资源去匹配。

现在有A、B、C 3个客户，分别对一家钢铁企业进行了产品了解：

A客户是某同省大型制造企业，采购人员："我公司需要采购数量为6万吨的×××型号产品。因为想获得更多选择，目前向三家国内企业和一家跨国企业咨询了最低报价，都给出了反馈，现在想咨询贵公司最低报价，我公司将在本月15日前作出采购决策。"

B客户是国内某大型制造集团，采购人员："我公司采购期为6到

8个月，现在需要咨询×××产品的信息，但同时也要了解安装和使用过程中可获得的服务和指导，贵公司是否提供这方面的服务？"

C客户是国内某大型汽车制造企业，采购人员："为专注核心设备的生产，以提高产品品质，我公司正在就部分零部件外包寻求合作伙伴，希望能与合作方相互之间形成产品补充，高层之间能达成协调。"

在常规的客户管理中，A、B、C三家都属于大客户。但如果上升到战略客户的层面，只有C属于战略价值型大客户，因为其重视的是合作方案和资源的合理互补；A客户属于内在价值型大客户，更重视成本因素；B客户属于外在价值型大客户，更重视产品本身和增值服务。

第二，利润客户是终身价值高，但战略匹配度一般的客户。

利润客户是给企业带来最大价值的前20%的客户中剩余的19%的客户。这类客户是企业产品或服务的大量使用者。利润客户又分内在价值型大客户（更重视成本因素）、外在价值型大客户（更重视产品本身和增值服务）。

第三，潜力客户是客户终身价值一般，但战略匹配度高的客户。

潜力客户是为企业创造最大价值的半数客户中的30%。潜力客户的数量较大，但购买力度、忠诚度和创造的价值都远不及战略客户和利润客户。其中有些存在可能升值为利润客户甚至战略客户的潜力股，需要定期回顾。

第四，普通客户是客户终身价值低、战略匹配度也低的客户。

普通客户处于客户金字塔的最底层，数量庞大，但因购买力弱、忠诚度差、支付能力不足等，能为企业创造的价值非常有限，还会额外消耗企业资源。

客户数量金字塔与客户价值金字塔往往成反比，客户价值金字塔与客户利润金字塔往往成正比（见图2-9）。

在每级客户中找到代表性客户，或者是极端用户（比如，经验特别丰富的用户，时间特别短的、刚转型从事新行业的客户），描绘出客户画像，然后进一步挖掘客户需求，把握好客户的洞察和价值定位，就把握好了打开客户心智模式的金钥匙！

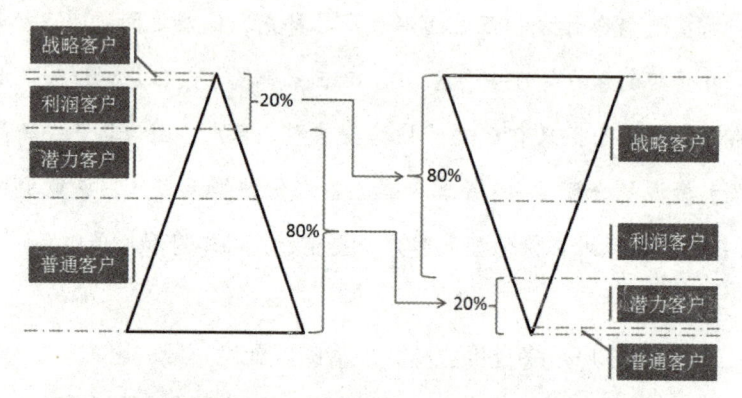

图2-9　客户数量金字塔与客户价值（利润）金字塔的对应关系

### 2. 如何有效地洞察客户价值定位

在此介绍一个洞察客户价值定位的模型，运用该模型的前提是找出客户关键决策者，并画出客户画像，然后分为三步实现：一是描述客户痛点；二是写出客户相信你的产品或解决方案能够满足他们的理由；三是写出产品独特的卖点（见图 2-10）。

**客户价值定位**

01　描述客户痛点或者燃点需求

02　企业可以解决这些痛点/激发燃点的解决方案

03　为什么企业可以解决这些问题？我们的独特能力

图2-10　客户价值定位模型

第一步：描述客户痛点。

全方位地理解目标客户的需求，以此找出客户的痛点。但这仅完成了第一步的抬腿动作，找出用户的需求与自己的产品功能之间的关系，以及整个行业中其他竞品能够提供的产品的价值，便完成了第一步的落腿动作。

为了更好地完成这一步，可以使用思考产品价值的工具——价值主张画布。该画布由两部分组成，左侧是产品的价值主张（包括产品定位和对应痛点、燃点的产品功能），右侧是客户资料（包括客户画像和提取出的痛点、燃点），因此也可看作是客户画像（见图2-11）。

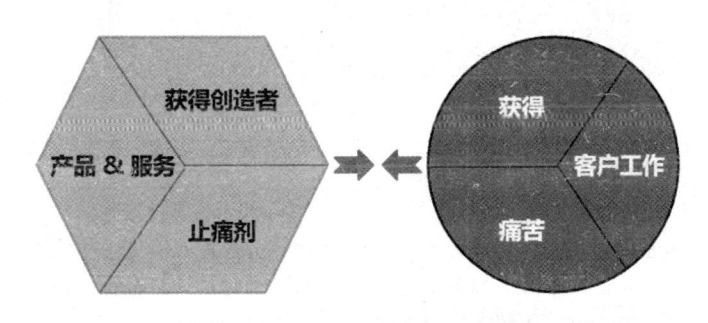

图2-11 价值主张画布

只有与客户的痛点和燃点对应的产品功能点，才能算作产品价值，否则就是伪产品价值，因此要谨防主观意识下自己认为产品功能解决了客户痛点，实际上并未解决。

第二步：写出客户相信你的产品或解决方案能够满足他们的理由。

理由就是提供优势差异点，首先列出产品能够给目标客户提供的所有价值点，然后根据客户与企业的优劣势分析这些价值点是不是客户真正需要的，最后给出客户价值提升的确切理由（一个或多个）。比如，企业提供的产品能提高的生产比率；用企业的服务会给客户更多额外的价值；与企业合作会加快市场占有率……

相当于产品的优势差异点与客户需求产生了共鸣，这种共鸣点让客户相信产品或解决方案能够满足自己。

第三步：写出产品独特的卖点。

这一步需要考虑一个问题：如何让客户选择企业的产品而不是竞争对手的？满足客户痛点的方式永远不止一个，同样，客户也永远不止一个选择来满足自己的需求。因此，要给出产品对比竞品的差异点，产品的竞争力必定来自差异点。

客户选择某产品或服务满足自己的需求，等于放弃了用其他产品或服务满足自己需求的机会，因此客户一定是被所选产品的差异点吸引，而不是所选产品与其他竞品都能满足需求的相似点上。

下面，借助S公司的智能家居解决方案如何针对不同人群的价值定位演绎，来具体介绍客户价值定位模型的运用（见表2-3）。

表2-3 价值定位演绎示范

| 价值定位—购房者 | 价值定位—地产商 |
| --- | --- |
| Problem Set-up痛点陈述：<br>为了孩子读书和老人便利，升级换房是我们这些中年人不得不考虑的事，安全（老人健康预警、提醒和孩子安全）是我优先考虑的事情，我希望买带装修的新房，省事省心，如果能有老人健康预警、孩子安全提醒、电器煤气等安全预警那就太好了 | Problem Set-up痛点陈述：<br>买房的消费者不仅关注房子的地点/社区配套，同时越来越注重室内的家居安全配套；<br>我希望我的供应商不仅在安全技术上有整套的解决方案，他们还同时关注服务体验，宣传的时候与我一起打造样板间，一起宣传，为我们站台，服务的时候能够提供快速响应 |
| RTB我们的解决方案优点及技术支撑点：<br>S公司提供整套家居安全服务套餐，包括四大系列：<br>• 电器安全提醒（煤气/水/照明等）预警管理与小区物业联网；<br>• 儿童安全提示：出门与到家都有安全提示短信给父母；<br>• 老人防滑倒和滑倒处理与小区物业和社区医院联网服务；<br>• 家庭防盗和政府/小区安全部门有直接预警衔接功能 | RTB我们的解决方案优点及技术支撑点：<br>S公司提供整套家居安全服务套餐，包括四大系列；<br>S公司在您的宣传/销售/安装/使用的过程中提供全程服务，让您和您的用户无忧；<br>我们的物联网技术世界一流，在×××各种酒店管理业务中名列前茅 |

续表

| 价值定位—购房者 | 价值定位—地产商 |
|---|---|
| U.S.P我们的独特点，为什么是我们，而不是其他公司可以提供这个解决方案？<br>S公司多年来提供楼宇能源安全解决方案，和房地产商合作多年，有成熟的解决方案；<br>我们还与政府/小区服务中心直接联网，提供安全预警，让安全（人和物）万无一失；<br>我们的安全技术、物联网技术与体验解决方案已经在发达国家广泛使用 | U.S.P我们的独特点，为什么是我们，而不是其他公司可以提供这个解决方案？<br>S公司有多年和房地产商合作智能家居的经验，我们愿意和你一起在宣传/销售/安装/使用等不同的用户旅程上打造有特色的产品服务体验；<br>我们的安全技术与体验解决方案是世界一流的，我们还与政府机构/小区服务中心/社区医院直接联网，在安全（人、物）保障方面确保万无一失 |

提示：提供的解决方案可以是产品、服务，或者综合解决方案、平台、生态等，核心是我们要洞察客户的底层需求，和他们愿意付费的关注点，以确保我们的方案不仅能满足需求，还能有差异性优势。

### 3. 如何使用客户价值定位

有了客户价值定位后，市场策划活动就容易安排了，包括口号、销售的营销话术都能够标准且统一地进行了。总之，客户价值定位是未来一切营销活动的设计中心。下面我们用京东赋能便利店的案例来演绎客户价值定位的应用。

在媒体的采访中，京东集团副总裁、京东商城新通路事业部总裁郑宏彦说："我们用服务来替代价格战，用增值服务优化小店的管理。"

郑宏彦所讲的增值服务就是客户价值定位的实现，给客户亮出京东便利店的独特价值，并以全方位的增值服务让客户相信京东的产品或服务能够满足自己的需求。

对于具体对京东便利店做哪些方面的赋能，郑宏彦作了详细解读："传统的便利店只作商品销售，而京东便利店则是对小店的升级，将京东的品牌、供应链、运营、科技创新等能力赋能给小店，并通过提供模块化的场景化运营服务，让店主根据消费场景需求进行差异化选择，进而实现门店在品类、形象、经营能力上的升级。"

郑宏彦提到的品牌、供应链、运营、科技方面的赋能，对于致力于实现客户价值定位的企业都是可借鉴的。尤其在互联网时代，建立立体化客户价值定位（CVP）是衡量企业差异化竞争的标准之一。下面，对京东各项赋能做详细介绍，通过具体操作了解立体化CVP的建立过程，对其他行业的企业可以起到参考作用。

一是品牌赋能。"京东的品牌与标识带给小店品牌升级感的同时，也是给优质门店的背书"，这是郑宏彦对京东品牌赋能的解释。为打造优质门店，京东便利店设置了绝不可逾越的红线——不允许假冒伪劣产品。为了让京东便利店更为规范化和人性化，一方面逐步培养店主在京东掌柜宝上进货的习惯；另一方面全免门店加盟费、培训费和管理费，只保留质保金一项用以督促店主合法合规经营。

二是供应链赋能。京东以大数据+智能化链接人、货、场、客，京东新通路自2015年启动"火车头一号"项目至今仍保持高速增长。2018年，京东新通路无界零售战略全面落地，当年"双十一"京东掌柜宝累计销售额达到2017年同期的1100%，"双十一"当日开场仅2小时，销售额即超2017年"双十一"全天总额。

三是运营赋能。其一，京东新通路自建地勤团队，对门店提供上门服务，包括制订营销方案、差异化选品、调整布局、优化品类结构等，力争为门店带来更多销量。其二，对店主进行经营方面的培训和指导，全面提升店主的运营管理水平。

四是科技赋能。第一轮，为每家京东便利店安装智能门店管理系统，该系统基于京东线上大数据优势，根据消费者画像，提供商品管理（智能补货、智能选品等）、顾客管理和营销服务。第二轮，京东便利店与京东便利GO小程序打通，实现两者数据、会员、库存一体化管理，店主通过手机轻松实现管货、管钱、管顾客。第三轮，推出"行者动销平台"，将店主与品牌商对接。品牌商可根据自身需求，在平台上精准筛选目标门店，"发单"下任务，店主根据自身需求"接单"抢任务。第四轮，京东便利店全面接入京东支付，正式启用可模块化组装的智能门店解决方案 D-MART。顾客来到京东便利店，刷脸开门后随即关联京东账户，购物全程由 D-MART 识别管理，顾客靠刷脸就可顺利享受福利和购物，便捷又实惠……除上述郑宏彦提到的各类赋能外，京东还有更多的赋能措施，如渠道赋能、仓储赋能和增值赋能。

五是渠道赋能。京东便利 GO 小程序接入京东便利店与京东掌柜宝，建立新的销售渠道。借助"支付即会员"体系，门店与周边顾客建立深度链接，沉淀忠实用户，提升销售转化率。2018 年"双十一"，京东便利 GO 小程序接入京东 App，打通线上、线下流量，实现贯通 B2B2C 的全链路营销。

六是仓储赋能。2018 年 3 月，京东新通路在取得品牌商授权前提下，联合中小经销商将品牌仓配资源作为联合仓和配送网络，完善品牌商与中小经销商、门店之间的供货体系。

七是增值赋能。京东便利店可接入多种增值业务，如代收包裹、生活缴费、虚拟代售、京东维修等，既帮助店主多元经营、扩充利润，也帮助门店提升与顾客的互动和黏性。

通过上述七项赋能，京东新通路打造的线上、线下双主场，优势越发凸显。丰富的玩法、大力度的促销惠及千余品牌、万家门店以及超百万消费者。一个由品牌商、渠道商、零售商和消费者构成的无界零售图景正逐渐成形。

马斯克说："我们要少花点时间关注财务，少花点时间在董事会会议，少花点时间在 PPT 上，花时间把产品打磨到极致。公司到底是干吗的？为什么有公司的存在？公司就是一群人聚在一起创造产品与服务，提供产品与服务，否则一个公司就没有价值。价值取决于有效地分配资源以及创造出的产品与服务大于投入的价值。"

要有极致的产品与服务，就必须要让企业的活动围绕着客户的需求、个性的需求和集体的需求，围绕着给客户产生更多利润，更多护城河的价值！这样的企业价值定位，能让企业百战不殆！而在谈消费者或者单个决策者洞察时，我们更需要关注的是作为个体的人，他们的价值观、世界观，以及身份和个人愿景对他们的影响。

明确了客户价值定位，企业就像船舶有了锚，更能有效阻抗风雨；也像船舶有了航行指南针，方向更加明确、坚定！

# 第三章 客户体验，增长神器

> **本章要旨**

第一，端到端的客户体验在过去十多年经历了内涵的拓展，在支撑企业建立差异性优势方面提供了更加系统的思路和实践工具，帮助企业建立起新的护城河，从而成为拓展业绩的增长神器。历史客户数据跟进显示客户体验一定能提升业绩和投资回报。

第二，未来的客户体验着重品牌化的卓越之旅设计。而这需要客户画像、客户旅程、客户情绪管理、关键接触点等多方面的实践来获得深入洞察。数字化是提升客户体验的手段，不是目的，我们需要从战略差异性定位来寻找突破口和尖叫点设计。

第三，数字化的核心就是加强客户体验到反馈的循环。

第四，管理客户体验是个系统工程，需要跨部门协同，需要推动"客户至上"的文化、价值观和行为标准，将文化融入业务和绩效考核中，才能全方位推动客户体验的进展，真正作到战略级别的客户至上落地。

品牌和性价比曾经是客户购买的决策要素，在过去20多年里发生了天翻地覆的变化，尤其是互联网的出现和供应速度大幅度提升之后，人们不再仅仅以产品为核心来做选择，事实上产品的差异性逐渐减弱，人们更加注重综合型的体验，这包括寻找产品的便利、付款的便利、到货的速度、投诉反应的速度、技术的可靠性等。当然，产品品牌还在考虑之列，只是它的影响决策比例在下降。此时，围绕着端到端的客户体验也开始逐渐兴起。这一章会帮助大家进一步了解客户体验的演变以及实现的路径和衡量的指标。

我们先来介绍一下什么是"客户体验"。

引用维基百科的定义，客户体验（Customer Experience）是一个组织和客户在其关系期间进行交互的产物。这种交互包括3个部分：客户旅程、客户互动的品牌接触点、客户在体验过程中体验的环境（包括数字环境）。

引用国际知名研究机构Forrester的定义：客户旅程（Customer Journey）跨越了各种接触点，通过这些接触点，客户可以从了解品牌转化到参与购买。成功的品牌专注于开发无缝体验，确保每个接触点相互连接，并为整个旅程做出贡献。

引用国际标准组织ISO9241-10条款的定义：人们很容易把"客户体验"和"用户体验"混淆。用户体验是一个人对产品、系统或服务的使用或预期使用所产生的感知和反应。

客户体验多了一个客户旅程的概念。客户体验关注的是产品和服务，用户体验关注的是所有客户与企业的触点（产品和服务只是其中的一部分）。客户旅程则与客户体验配合，是客户体验的表征。

以通信公司为例：客户体验是针对具体产品和服务的用户体验，如用户在使用4G上网时的网速、稳定性、性价比等。用户体验则包含了客户体验的部分，此外还包括网上办理或营业厅办理4G业务、咨询客服服务等一系列触点体验的累积。客户旅程是用户经历这些触点的全过程。

## 第一节 客户体验的演变

将客户体验作到业内顶尖的企业,往往有更出色的客户洞察力、客户黏性和员工满意度,其增速与财务表现均胜人一筹。无论国外还是国内,无论是互联网企业还是银行、汽车、快餐、电信、航空等服务型行业的研究都表明,客户体验与企业增速之间的关联性越发明显,愉悦的客户体验不但有利于开拓新客户,也能从老客户处收获更多价值。

对客户体验的重视,不仅表现在营销环节,同时也表现在流程再造、文化提升、数字化赋能等各个组织发展环节。凡是全球领先的公司都以"客户至上"为宗旨,但里面的内涵各有不同。我们先看看客户体验是否能带来业绩回报!

### 1. 好的客户体验一定能带来高的回报

营销专家理查德·奥利弗教授曾经说:"忠诚是人们内心深处拥有的一种情感投入,不管环境因素如何变化,也不管市场上存在什么样的吸引顾客做出行为改变的促销措施,人们在这种情感投入的驱使下在未来不断地重复购买相同品牌或者相同品牌旗下的产品。"

Forrester(弗雷斯特研究公司)是一家独立的技术和市场调研公司,针对技术给业务和客户所带来的影响提供务实和具有前瞻性的建议。在过去的37年当中,Forrester公司已经被公认为思想的领导者和可信赖的咨询商,它通过所从事的研究、咨询、市场活动和高层对等交流计划,帮助那些全球性的企业用户建立起市场领导地位。

该公司分析了八年的股票市场,发现了客户体验领先的公司股票回报达 107.5%，高过标准普尔 500 指数。客户体验影响客户满意度，从而影响了他们的忠诚度和业务业绩回报（见图 2-12）。

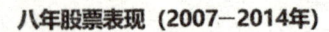

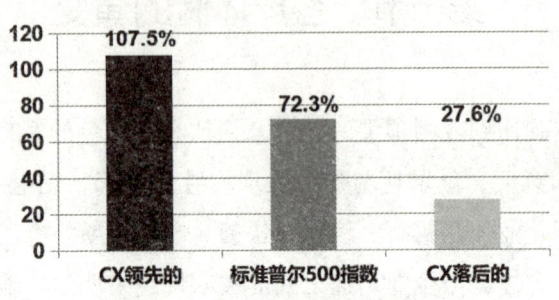

图2-12　客户体验影响股票表现
（数据来源：2016 Forrester 大会）

Forrester 用对比的方式来进行比较，首先找到可以直接进行对比的竞争对手，然后看看这个行业中客户体验表现好的和表现差的营业额对比，同时建立模型对这两类企业的业绩指标进行长期观察，以此发现显著的不同（见图 2-13）。

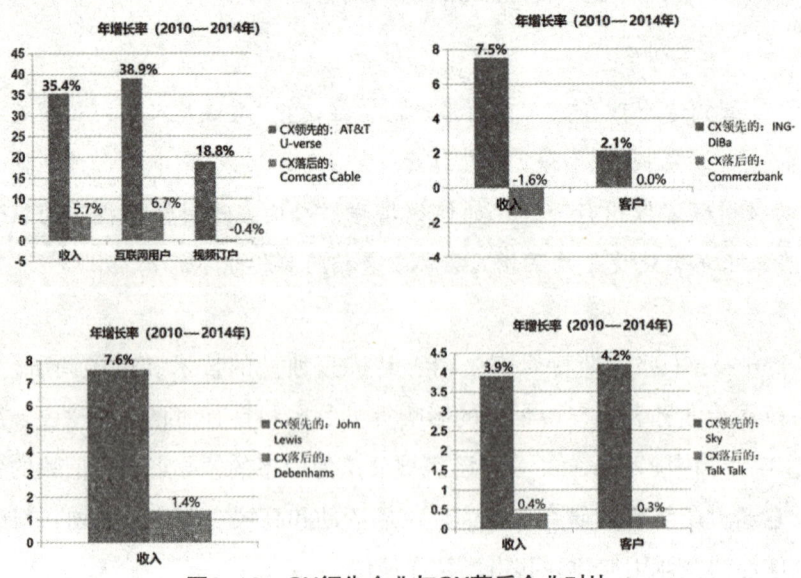

图2-13　CX领先企业与CX落后企业对比
（数据来源：2016 Forrester 大会）

以上数据显示在 4 个不同的行业里，客户体验领先的公司比落后的公司年增长率都高。

麦肯锡曾连续五年调查了 11 家银行，其中客户满意度得分处于前 25% 的银行，5 年（2014 年到 2018 年）的年均增长率为 9%，而其他银行则为 7%。一年 2% 的差距，5 年就累计出 10% 的差距。

客户体验确实带来了高回报，它能够培育超级口碑推荐型用户。口碑传播就是最好的行销，如今的用户更加相信用过该产品的有经验的普通用户。在获客成本逐渐高涨的时代，超级用户的存在对企业经营至关重要。老客户推荐成单率的成本通常是全新客户的六分之一。可想而知，推荐能显著降低营销成本！

超级用户常常不是被动地消费，他们对企业情有独钟，即便该企业卖的商品比其他品牌贵了一点，即便没有折扣促销，即便要彻夜排队，他们也愿意支持并且一买再买，甚至主动向他人推荐。超级用户会向其他人推荐他们所钟爱的企业，并主动分享该企业是如何更好地满足他们的需求及给该企业提供宝贵建议的，这些背书将给企业带来无限价值。

beBit（倍比拓）公司更是从收益和忠诚度的角度做了进一步的分析，他们发现，高度忠诚的客户除了超级用户，还有一种宣传员，他们虽然不买但是也会推荐企业的产品，如图 2-14 所示。

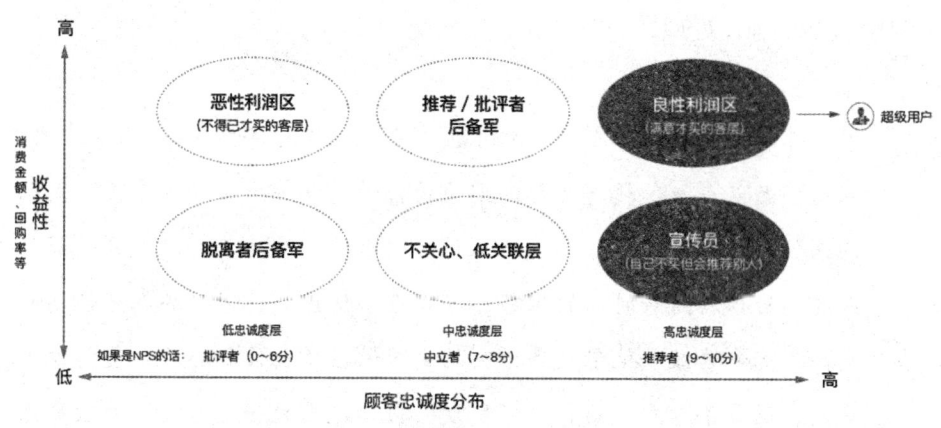

图2-14 beBit网站的客户忠诚度分布

如今，企业高管们越发认识到端到端的客户体验成为企业市场竞争中的强大杠杆。在市场中得到忠诚的客户关系，不仅意味着需要提供具有竞争力的优质产品，还意味着需要提供可靠的交付、量身定制的服务，以及高水平的响应和协作。

### 2.客户体验关注点在不断演变

客户体验在过去的十多年也发生了演变，这些演变主要体现在哪些方面呢？

过去"客户至上"=好产品+专业市场营销+客户关系。换句话说，产品好用，品牌出名，客户关系好是过去客户至上的显著标志。但随着品牌产品的同质化及市场营销手段的普及化，各大著名企业想要在产品与品牌上有显著性差异就变得很难。同时客户关系也多是在交易层面，甚至是在寻租层面。

事实上，很多运营环节也都在影响着企业、渠道客户的感知，影响着品牌的认知和客情关系。比如，技术服务的质量、发货的准确及时、运货的速度、销售人员的沟通与咨询能力、处理投诉的方式方法与速度等，这些都形成了客户的综合体验。即使产品和营销环节不错，但发货总是出错或者投诉服务没处理好，客户也不会推荐。

可口可乐的货车营销（Vansale）是装瓶厂的一个长期铺货计划，利用小面包车把饮料与展列助销的物料带到各个街道和小镇，并主动给店铺做招牌，投放冰箱，让消费者得以随时随地都可以找到并买到冰冻的可乐。随着时间的推移，可口可乐认识到，客户的期望值不断提高，客户喜欢和他们交易便利的公司做生意，比如招牌批复的速度更快；送货条件更灵活；结账周期的自由度更大一些；礼品兑换灵活度大一些等。他们清楚大品牌的利润不高但能带来流量，中小牌子可以做高利润。他们懂得如何利用供应商的差异市场条件和时间差来满足自己不同发展期的需求。

那些总能让我们交易便利，并且在我们关注的环节总能超越我们期望的公司，会获得更棒的口碑、更好的忠诚度和更快的成长。因此，在原来的基础上加上便利准确的交易环节就形成了现在的客户至上的新体验内涵。

现在"客户至上"=好产品+专业市场营销+客户关系+便利准确的基础交易环节。客户关系也从过去的把饭吃好、把酒喝好、把客户照顾好的个人关系，逐渐转变成更加复合地思考客户的个人诉求、公司诉求、公司管理 KPI 的整合式客户管理中，明确客户的职位和影响力及其在采购行为中扮演的角色等。

那么，是否作到简单与便捷的交易就足够了呢？当然不是，还要作到以下三点。

一是随时随地响应客户的需求。便利作到极致就意味着随时随地！淘宝走入人们的生活，除了为客户提供了极其便利的交易方式外，还有 24 小时在线的客服。虽然淘宝因为商家多如繁星，无法做到交易环节零出错，但全天候的客服弥补了这种不足。无论什么时间、什么问题，只要反映到淘宝客服，再烦琐也会得到解决。一级客服解决不了，还有高级专员随时待命，总之不会让客户的问题不了了之，甚至投诉无门。

二是提供给客户个性化的体验，而不是同一个细分市场雷同的体验。大型网购平台的主页上都异常丰富，用户在选择时可以按照类别搜索，在搜索和加入购物车的过程中，系统会形成印记，实现千人千面的网页推送服务。

三是愿意赋能客户成长，并成为他们的合作伙伴。Tetra Pak（瑞典利乐）公司是全球最大的液态食品包装公司。他们以客户经理为核心，以每一个业务为单元，调度和协调公司相关管理、研发、技术、加工、营销等部门。按照规范作业流程与对方每一个相对应的部门直接接触，相互学习、相互交流、相互成长，以便发现问题并及时有效的解决。在客户体验的大前提下，双方的接触由"点"升级为"面"，不仅保证了服务的深度，更使得彼此的合作关系由个人转变为团队。因此，Tetra Pak 的大客户经理会尽可能调动己方企业的资源帮助合作伙伴开拓市场，以求快速帮助合作伙伴成长。

营销调查数据显示：五分之四的客户会为获得卓越的客户体验支付高达 25% 的费用；62% 的全球客户因为缺乏良好的体验而停止与一家公司做生意；在体验服务之后，客户不忠诚的可能性是忠诚的 4 倍。

随着人们期望值的进一步提高，多种场景化解决方案的提升和数字化解决方案的普及，为未来"客户至上"增加了新的内容，即要做到"卓越的品牌化客户体验"，它要融入并带领品牌的认知。未来"客户至上"＝好产品＋专业市场营销＋客户关系＋便利的交易＋卓越的品牌化客户体验。

专业的市场营销从过去的 ATL/BTL 媒体传播和渠道传播，演变为如今的随时随地、千人千面的个性化宣传。客户关系从过去的整合式的友好亲密到未来的客户痴迷，也就是说对客户的各种运营管理、使用习惯都用百般的责任和愿望来了解，知道自己的产品在其中扮演什么角色。需要和哪些结合才能发挥更大的效能，比客户更执着于让客户更加便利、有效率、成功。

我们将更加注重服务过程而不是业绩结果，在对客户的满足过程中充满了好奇心，从而愿意投入时间与精力来洞察根源，提出独一无二的体验方案。而卓越的品牌化客户体验就是让这种独一无二的体验服务 IP 化，成为品牌资产的一部分。

比如京东，针对一线城市和部分核心产品，只要午夜12点下单的自营商品，第二天中午之前就送到用户手中。当天上午11点下单的自营商品，晚上8点前也能送到用户手中。常规来看，这是交易的便捷和服务的便捷，但如果能长期坚持做对企业有意义的事，那么必将形成能够代表企业的品牌化客户体验。如今，只要提到京东，人们首先想到的是自营商品送货快，其次是自营商品质量有保证，最后是售后退换货及时且有保障。

不仅是送货，在送货不断提升标准的过程中，京东快递也形成了品牌化保障，曾经顺丰一家霸占快递行业金字塔顶部的时代一去不返，两雄并立的局面由此形成。

说完京东快递，再来看看早就以服务体验闻名全国的海底捞，从创办那天起，海底捞就开始设计服务，也卖服务，凭借"变态级服务"在餐饮红海杀出一片天地。

A网友救小猫被蚊子叮了好多包，到了海底捞后被服务员听到了，他们居然跑去药店买了风油精和止痒药。

B网友带孩子去海底捞，海底捞居然搬了张婴儿床给孩子睡觉。大家注意了，是床！

C网友在海底捞吃完饭，要赶火车却打不到的士。门口小弟简单问了情况转身就走，不一会儿海底捞店长把自己的SUV开出来，说："赶紧上车吧，时间不多了！"

D网友在海底捞刮破了丝袜，结账时服务员递上了全新的丝袜！还是3双！

E网友在海底捞无意间跟朋友抱怨京东抢的奈良美智大画册怎么还没到货，结账时服务员问了她京东会员账户，第二天一早三本大画册都送来了！

F网友发现海底捞服务员帮顾客代练游戏，地球已经抵挡不住海底捞了……

G网友点海底捞外卖，送来的东西包括各种菜品、底料、汤、备用加汤、锅、勺子、木头筷子、碗、口香糖、爆米花、调料包、香菜、葱花、餐巾纸、眼镜布、围裙、两个皮筋、电磁炉、插线板、垃圾桶、垃圾袋2个……做到这个地步了！

海底捞的服务是经过设计的，并且逐步完善，好像永无止境。在消费者需求的重心由产品转向服务，再由服务转向体验，海底捞成功地创立了"海底捞体验"的品牌化客户体验服务模式。

每家公司都在设计不同的体验，像京东的快递，海底捞的服务，这些出色的客户体验已经被品牌化，他们已经形成了品牌资产，在价格上淡化了同质的竞争。客户使用他们服务的时候会第一时间想到快速和超出预期的服务。你为你的公司策划好自己的品牌化客户体验服务了吗？

这些都对于我们培育人员的能力和行为标准提出了新的要求，需要大家从"绩效结果为导向"转到"销售过程为导向"，培育公司人员对创造新的"客户满足"充满好奇心，从工程师思维转向用户思维，围绕着客户的需求和业绩提升去打造产品，成为客户有机体的一分子，从而增加客户黏性。

## 第二节　衡量与提高客户体验

### 1. 客户体验的衡量指标

虽然客户体验会直接影响客户满意度，但不能将它们画等号。通常来说，客户体验是客户与企业及其产品和服务的所有互动的整体质量，客户满意度是对整体质量的心理反应。评价客户体验的效果，一套可落地的衡量指标必不可少。

第一，净推荐值（Net Promoter Score，NPS）。

通过测量客户的推荐意愿了解客户的忠诚度。只需问客户："您是否会愿意将××（企业或产品）推荐给您的亲友？"将愿意推荐的程度划分为10档，分别对应10个分数，让客户根据愿意程度打分。得分在9~10分之间的是推荐者，得分在7~8分之间的是被动者，得分在0~6分之间的是贬损者。如果推荐者的数量多于贬损者，则说明产品或服务是值得肯定的，反之则需要及时调整策略进行止损。

NPS分数会告诉我们客户当中推荐者和批评者哪一方比较多。分数为正表示愿意持续购买、加购或是做口碑的宣传者占多数，企业会有正向成长，反之亦然。因此基于意愿度的指标直观地反映客户对企业的忠诚度，在一定程度上反映了企业未来的持续盈利能力。

NPS分数会受到行业影响，但普遍来说，NPS大于0就会被认为不错，大于50就是杰出，大于70则被认为是世界一流的公司，Tesla、Apple、Starbucks等以用户体验为核心的知名企业都是杰出代表。

NPS的最大优势是简单，只需回答"Yes or No"。客户体验的指标NPS数据能在各个层面塑造企业行为、思维模式和决策能力，帮助企业成为一个响应更快、围绕客户的组织。根据相关研究得出：NPS数值上升与员工敬业度提升、销售量增长、市场份额上升和盈利增长密切相关。其原因也很简单，好的用户体验，首先来自于好的员工体验。每个高NPS的公司员工的满意度、快乐指数、敬业度都会相对较高。此外，高NPS的公司，老板们也很愿意投入资源关爱员工。海底捞的创始人张勇就把用户开心、员工开心看得比业绩还重。

NPS是个结果指标，它不能取代和过程相关的满意度指标，过程衡量的满意度指标会给出更多的答案，如 NPS 的下降出于哪里的问题。如果企业能够提高客户的满意度，也将刺激 NPS 提高。因此建议企业不要只用 NPS，需要关联客户满意度来作共同的分析。

第二，客户满意度（Customer Satisfaction，CS）。

客户满意度可以使用自行设定的调查问题，找出产品不同方面的强项和弱项，因此它既简单且扩展性强，可以作到比较完整。

客户满意度分析的难点有两个：

一是如何分析其中哪些元素属于保健因素（hygiene factor）还是激励因素（motivation factor）。保健因素是客户购买的基本条件，如产品标准、质量价格、付款方式、送货方式，不达到这些基本条件，客户就不会购买；而激励因素如促销、更快的送货方式、更长的付款周期等，它们会让客户愉悦，增强购买动力。通常客户在满足了保健因素后，才会被激励因素打动，而不是相反。因此在设计方案时，我们需要知道优先排序，而不要在保健因素未被满足的情况下一味地在蛋糕上加奶油，否则大量的客户反馈数据会让你和团队淹没在数据海里，而缺少了有效的行动指引。

二是设计模型让客户满意度预测客户未来的购买行为和心理状态。充分使用这些关联性指标估算来指导我们的行动。美国 Walker 公司在这方面有好的洞察模型。他们用客户的态度和行为分别作为两个维度指标（见图 2-15）。右上角是那些行为上一直在购买你公司的产品，并且态度上也喜欢你的公司的客户，他们是真正忠诚的。右下角是那些因为被价格或总公司的关系或某个战略协定等捆绑住了，但态度上并不喜欢你们的产品的客户，一旦有机会他们就会找其他公司代替。左上角是那些行为上暂时还没有采购你们的产品，但态度上却是很喜欢你们，对你们的产品或者服务很有信心和信任你们的客户，也是你们可以去接触并努力促成交易的客户。左下角是那些态度上和行为上都对你们不满意的客户，极有可能在完成一次交易后失去他们，或者根本无法争取到他们。

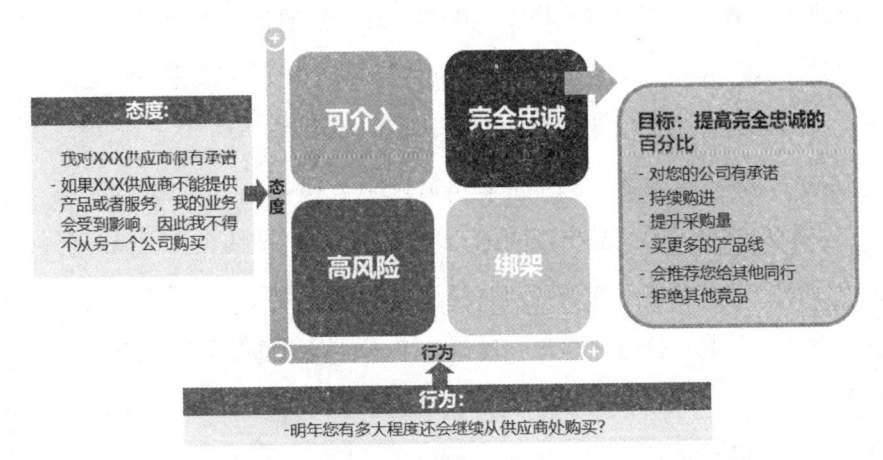

图2-15 Walker公司针对客户行为和态度的双维度指标模型

比如某公司，非常忠实于他们的客户有76%，同期忠实于他们的竞争对手的客户有41%。全球的对标有两个数字，一个是平均数58%；另一个是表现在全球10%以内的最佳品牌为83%。以此类推可以看到该公司的表现令忠实客户的满意度还不错，有一定的提升空间。被捆绑的客户较少，有风险的客户相对于竞争对手也较少，在提高客户对他们的美誉度从而进一步吸引转换方面还可以进一步加强（从目前的8%相对于竞品的19%）（见图2-16）。

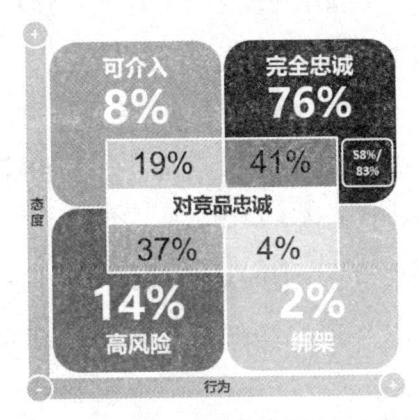

图2-16 某公司忠实客户的满意度表现

在将数字转成洞察后，我们还要考虑"深层原因"，即思考某客户对产品或服务满意或不满意的根本原因是什么，这些原因之间的关系或权重分别是什么。因此，常常会匹配不满意人群的小组讨论或进一步的深度访谈。这样系统的调研和讨论一般一年至少推荐两次。

第三，客户费力度（Customer Effort Score，CES）。

如果客户购买的商品出现问题，反映到企业，即便企业积极配合，帮客户弥补损失，但这不代表客户会提升对企业的满意度。因为在这个过程中客户也同样费心费力，客户会感觉如果不是因为商品问题，自己不会无故多花费时间。如今，许多企业都已经意识到"不费力""简单快速"就等于减少客户流失。

由此引出客户费力度，即让客户评价使用某产品或服务来解决问题的困难程度，其背后的理论是想办法减少客户为解决问题而付出的努力。

调查设计的问题是：企业让我的问题处理过程变得简单。选项包括：强烈不同意、不同意、有点不同意、中立、有点同意、同意、强烈同意。利用分数将行为分为容易、一般、困难。百分比超过50%说明该体验容易获取，低于50%说明服务路径和体验需要优化。CES可以帮助企业找出用户服务过程中的障碍，并指明可优化的方向，毕竟较低的费力度与客户续签直接相关，能够增加客户的生命周期值。

最后总结满意度、NPS、CES各自的侧重点：满意度侧重客户对某个具体环节的态度；NPS侧重客户体验后是否会进行推荐；CES侧重整个产品和服务流程的顺畅度。衡量客户体验是一个长期的、变化的、复杂的过程，使用哪些指标需要结合企业的实际情况，设计时要注意到及时性、综合性、未来预期性，以及单点分析的深度性，这样才能真正提供洞察给企业做行动指南。

这里还要强调一下捕捉客户情绪的调查方式。大家越来越了解到情绪对购买决策的影响越来越大。使用 AI、字段或者其他数字化的技术在网页上、社交媒体上捕捉这些技术变得越来越流行。这也是民意测验的重要工具。

**2. 不同客户体验综合执行力表现的实践特征**

基于大数据和客户反馈系统进行分析的咨询公司 Medallia，发现虽然 90% 的企业会搜集客户反馈，但使用这些数据取得的结果存在很大差异。Medallia 根据企业在九项关键业务成果方面的表现（见图 2-17），分析他们的客户体验计划的范围和机制的变化，以此确定 3 个群体：领先者、追随者和落后者。

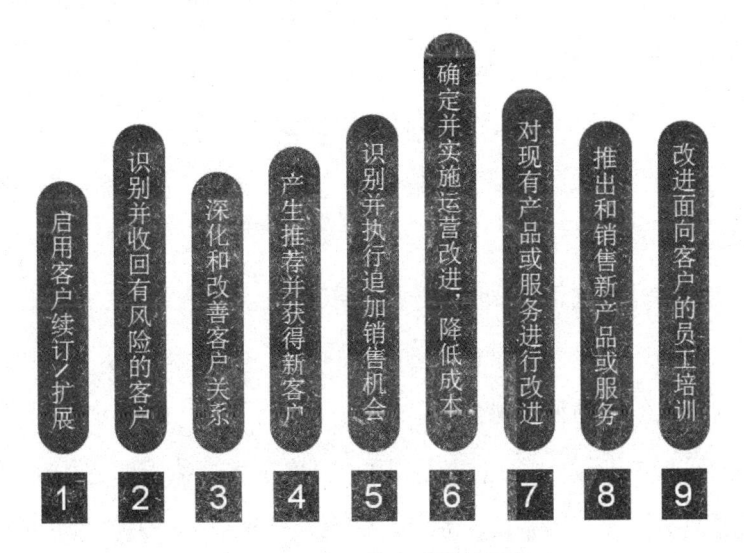

图2-17 企业的九项关键业务

1. 启用客户续订/扩展
2. 识别并收回有风险的客户
3. 深化和改善客户关系
4. 产生推荐并获得新客户
5. 识别并执行追加销售机会
6. 确定并实施运营改进，降低成本
7. 对现有产品或服务进行改进
8. 推出和销售新产品或服务
9. 改进面向客户的员工培训

领先者：上述九项关键业务中可实现六项及以上，占据五分之一的企业比例。利用从客户那里收集的反馈数据，能实现一系列令人印象深刻的业务成果。

追随者：上述九项关键业务中可实现二到五种，占据五分之三的企业比例。从他们的客户体验计划中能够看到积极的业务结果，但上限较低。

落后者：上述九项关键业务中最多可实现一项，占据五分之一的企业比例。他们很少能从客户反馈中获得积极的业务成果。

通过研究，揭示了3个明显将领先者与其他人区分开的关键实践，以下逐一阐述：

第一，领先者利用数字洞察聆听渠道，专注于数字体验。

CX领先企业使用自己的网站、App和社交媒体搜集涵盖了与客户之间广泛互动的数据，并利用这些数据对客户的痛点和需求获得可操作性的洞察。只要企业通过这些渠道搜集的反馈类型越多，就越有可能成为客户体验的领先者。

企业通过数字方式搜集与客户互动的信息包括但不限于：在企业网站上查找关于产品或服务信息的容易程度的反馈；网站体验的质量反馈，如加载时间、页面直观度等；在线服务支持的轻松程度和容易程度的反馈；企业活动的质量和效果的反馈；客户关于企业改进产品或服务的问题、建议的反馈，客户的情绪等。

第二，领先者利用客户反馈激励组织行动。

领先者会根据收到的反馈及时采取多种行动进行干预，推动结果的改善。企业采取的行动种类越多效果越好。

企业采取的行动种类包括但不限于：确定客户体验问题的优先事项，指导业务决策；识别和解决个别客户的具体问题；及时联系客户，跟进他们的意见；利用反馈为客户续约、扩展机会做准备；寻找机会引入新的产品、服务或实践；改进现有的产品、服务或运营；识别那些被正面提及的员工……

通过对研究结果的分析可知，领先者、追随者、落后者之间最明显的区别来自四种行为。如图2-18所示，是采取这些行动与不采取这些行动的企业对比。

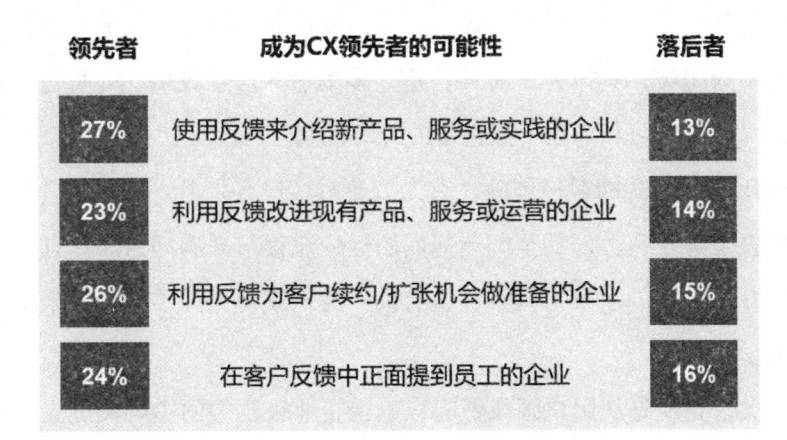

| 领先者 | 成为CX领先者的可能性 | 落后者 |
|---|---|---|
| 27% | 使用反馈来介绍新产品、服务或实践的企业 | 13% |
| 23% | 利用反馈改进现有产品、服务或运营的企业 | 14% |
| 26% | 利用反馈为客户续约/扩张机会做准备的企业 | 15% |
| 24% | 在客户反馈中正面提到员工的企业 | 16% |

图2-18 采取行动与不采取行动的组织的数据对比

首先，领先企业的客户反馈问责制是混合模式，由专门负责客户体验项目的中央团队和其他业务单位共享。而追随企业和落后企业通常采用集中模式（责任属于一个团队）或分散模式（责任属于每一个独特的业务单元）。

其次，领先企业让各种高级管理人员对客户在企业的体验质量负责，如CEO（首席执行官）、COO（首席运营官）、CMO（首席营销官）、产品负责人等。事实证明，有让更多企业高管负责客户体验职责的组织比配置少于3名高管的组织更有可能成为客户体验的领先者。

我们了解了客户体验的重要性及不同企业的实践特征，那么怎样高效便捷地设计客户体验呢？

### 3. 如何高效便捷地设计客户体验

要形成这些品牌化的体验优势并非易事！

要做到这一点，需要客户体验团队使用数据分析来挖掘并了解客户的生命周期，在不同的成长路径中他们着重的关键环节会随之而改变。比如在拓展期，对新市场的业务拓展所需要的资源和交货时间会更加注重。只有不断作到基础交易环节的准确及时,减少他们拓展中的复杂性,稳定的交易才能够给客户带来良好的体验。要做到这些,非常重要的一点是建立客户体验双闭环,具体为:对外,建立多渠道的信息收集、聆听与及时的反馈;对内,学习和加强不断进步的应对机制。

设计 B2B 模式的客户体验,首先,要对客户有兴趣,有热情,有强烈的意愿去了解并熟悉,甚至痴迷他们的运营流程与采购动力。并且,加强对他们 C 端客户的了解与洞察,也有助于我们获得更高维的洞察来给予客户建议。

其次,需要先从用户画像做起,确定企业采购中的主要关键人,然后根据每个关键人画像画出他们的购买旅程,通过定性定量的调研找到关键接触点。针对关键接触点,了解客户对我方的满意度状况,然后协同各个部门来制定我方的客户体验策略和关键三个核心举措。落实执行,定期复盘,观测个中的关联性,不断调整获得经验值。

我在嘉实多离职前是客户体验总监,曾经有个著名的客户体验咨询公司问我,客户体验团队应该如何设置?放在市场部里好,还是独立,与销售、市场、供应链平行好?我认真思考了,答复了他们。这里也分享给大家参考。

客户体验管理如同利润指标,并非财务部的人才有这个职能要求,事实上销售部和市场部等部门都对利润指标负责,那么同等意义上,所有人都对客户体验的绩效指标负责,客户体验是个跨部门的贡献过程。

过程中,由于不同客户对客户购买路径中的不同接触点敏感度不同,因此,各个部门的参与及贡献度有所不同。这些调研工作可以由市场部统一调研分析,但是协同与监督工作与日常的市场调研跟进、产品开发、品牌管理有实质的不同,其还需要带领各部门制定客户章程和客户服务标准,因此最好有个独立的客户体验专员来负责。

同时,考虑到这个专员需要有战略思考能力,毕竟在数字化智能化时代,客户体验是成败的胜负手,需要从战略层面而不是战术层面来确定。同时需要部门的协同能力,因此,如果不是总监级别,很难达到如此的能力要求。战略层面的工作主要是指客户体验在品牌与定位、差异性优势的打造里面扮演什么角色,如何制定客户体验策略。

另外,在客户体验的实务操作中,对人员的要求各有不同:

在服务型的大中型公司,由于客户服务的接触点多,因此有个客户体验工作团队或者跨部门的虚拟团队是很有必要的。如在一些互联网和饮食连锁店,都有体验官作为"探针"来获得前线的反馈和提出议案。对于产品导向型大中型公司,如果有跨部门的虚拟团队也是不错的选择。

对于B2B的大中型企业,多在采购条款中明确提出了客户服务的标准,如送货时间、投诉处理、技术服务等。而这些细节往往让供应商的销售非常纠结地在不同的部门中周旋获取答案。这也彰显了需要设计独立专人的职能来提供集合性信息及加强对客户服务的理念。

对于中小型企业,通常CEO或者销售总监就是不挂名的客户体验管理者。

总的来说,客户体验官在事务操作层面应该是个独立的职能,不应该在市场部下面。

### 4. 客户购买旅程描绘

《哈佛商业评论》杂志的巴里·泰勒和吉姆·迪克联合提出:"买方的周期已经与卖方的周期脱钩了。"

事实的确如此,用户正在从过去依赖卖家引导自己,过渡为信息泛滥。大多数企业已经不能知道用户购买旅程什么时候开始,用户购买也不再是线性决策,B2B公司在与供应商见面前一般已经完成了采购决策60%的内容,包括可选项排名、设定需求、对定价进行标准化等。

那么,成为CX的领先者需要建立哪些实际操作经验,才能克服这些问题呢？让我们来看看美国著名的客户体验咨询公司 Walker 帮助一个 B2B 企业做的客户体验端到端流程分解，分为五大步：选择竞标、谈判及合同、交易、使用及支持、成长及战略合作。

在每一个大的步骤里面，大家集思广益把客户使用的细节活动都罗列下来，然后在选择供应商时，可以通过展会、电话、分销商上门拜访、研讨会等传统方式获取供应商信息，同时使用数字化方式（如网站、社交媒体等）吸引客户，关键在于建立联通后的客户体验如何。如果在客户进行产品与服务对比时，企业获取信息，客户也可能是这个品牌下 C 端产品的客户。Walker 会通过和该企业内部同事讨论，通过他们的直接经验来优先排序这些要素；之后，再进行客户端的定量调研来确认客户作决策时的关键触点（见图 2-19）。

| 评估 | 谈判/合同 | | 交易 | | 产品使用/支持 | 成为忠诚客户 | |
|---|---|---|---|---|---|---|---|
| 品牌知名度 | 市场支持 | 销售人员能力 | 交付周期 | 库存 | 反假冒的活动 | 来自厂家的长期承诺 | |
| 渠道管理能力 | | | | | | | |
| 利润管理的能力 | 市场支持 | 价格结构 | 安全库存 | 仓库管理能力 | 培训支持 | 品牌知名度和穿透力 | 业务计划和支持 |

图 2-19 客户做决策的关键触点

在接下来的阶段就会针对每一个关键触点，定期用不同的方式来收集满意度。比如，一年两次的客户调研，客户在客服、销售端、物流公司留下的反馈等。这种客户调研加日常数据的双闭环信息收集模式，让我们既有及时性又有深度地进行客户的洞察与及时的处理。

同时，传统的客户购买旅程是线性的漏斗化的，从本年度需求到制订招标标准——招标，再到谈判、合同、购买、使用，最后是重复购买；在某些环节可能会有回旋和双向的流动，如在需求环节或者招标标准的设计中可能就已经邀请部分供应商参与讨论了。

在未来智能化和生态化的过程中，企业选择合作伙伴的考量点与选择竞标对象的考量点会不同。核心点是在共生跨界生态化的过程中，企业会选择合作伙伴来建立共同的解决方案，从而满足客户的要求，实现财务价值。因此企业会关注与长期合作伙伴价值观的匹配程度、企业强项的匹配程度、未来商业边界等。大家在合作过程中的管理深度与复盘也会比管理竞标对象要更多。

### 5. 客户购买旅程分析核心关键影响点

客户购买旅程的核心关键影响点有以下几个。

一是客户体验的分析，找峰谷体验。客户满意度＝客户体验－客户期望。当客户体验不够好时，即便最后高于客户期望值，客户也不会满意。比如，B公司某采购人员到A公司洽谈一批规格为28的四级抗震螺纹钢，其心理价位是每吨4100元，A公司目前报价是每吨4300元。结果只谈了一会儿，A公司销售人员就主动将价格调整到每吨4100元。虽然与心理预期价位持平，但采购员并不开心，因为他没能获得讨价还价的体验，获得感并未得到满足。

能给客户留下最深印象的，是最高峰值或最低峰值的体验。提升客户体验最重要的是在客户印象最深刻的峰谷体验中体现出独特的价值来满足客户的需要。

二是从战略差异性定位来寻找尖叫点。欧洲企业银行通常需要3~4个月才能完成贷款审批。为了区别其他客户，该行决定要大幅度降低关于对公业务的贷款审批周期缩短为4~5周，并加强透明度。过去，该客户办理贷款申请只需要处理一堆文件，但等待审批的过程近乎封闭，因为没有人可以告诉客户贷款申请的确切状态和下一步的预期结果。因此，许多新参与的部门团队仔细了解相关的法律知识、支付操作和风险，来优化内部的流程及权限，同时创建了"客户旅程指南"来指导新进的员工，以确保服务质量与效率。在这之后，为了改善客户认为银行后台部门对自己不负责任的印象，银行开始设法使客户旅程在内部和外部更加透明。线上，客户只需要上传一些必要的资料，就可以看到在 App 上面流程的进展，并获得未来需要等待的时间与进展的状态。客户也可以随时联系在线客服，客服会以简单、可视化的步骤解释申请贷款的过程。结果是这个改善的流程让客户极为满意，公司贷款在过去两年大幅提高。

在产品差异性越来越小的今天，有时候吸引客户的并不是产品本身，而是在整个采购过程（包括售后服务）中，借助战略差异性定位带来的与其他品牌的差异性体验。

差异性体验设计通常由两点组成：寻找突破口和设计尖叫点。上述案例，就是从寻找对公贷款的差异性战略定位出发，从现有客户体验中寻找突破点，然后确定能让客户尖叫的目标以及细节。

但在现实中，很多企业的做法都与提升品牌客户体验相反。也就是说，既没有实现突破，也无法形成尖叫。通常有两种形式，一种是"无品牌客户体验"，比如很多银行的服务是标准化的，客户通过标识根本分不出来谁是谁。他们的问题在于做了与竞争对手一样的事情，没起到任何特殊作用，等于浪费了企业资源。另一种是"非品牌客户体验"，很多企业投入大量资金打广告，但实际的产品体验与广告宣传并不相符，甚至截然相反，不但没有形成尖叫，还会对客户资源造成负面影响。

造成以上局面的关键在于，企业没能真正理解开启商业价值的做法。因此要将客户分类，寻找客户的价值定位，通过真正的关键触点来寻找并锁定突破点和设计出尖叫点。

总的来说，开拓商业价值有二大原则需要遵守。

一是快速反馈闭环。为一线同事建立一个持续的反馈循环。从传统的客户反馈模型过渡到新模式，期间简化了管理环节，授权前线员工积极响应，立即解决，使得客户的反馈与企业的反应更为迅速（见图 2-20）。

最近的日式网红餐厅摩打，其在每个餐厅都设了高级体验官的角色。在餐厅中，高级体验官有权力就客户的反馈立即给予相应的增值服务，比如客人说他喜欢吃毛豆，她就立即打包了一盒毛豆给客人带回家吃。著名的五星级酒店利兹卡尔顿也同样如此，现场服务的员工有权力给客人免单或者在授权范围内赠送相应的饮品或食品。员工不是参照管理说明后去获得上级的批准，而是被赋予了权力直接在前线就可以做出决策。

图2-20 客户反馈新旧模型对比

同时，快速闭环，聚焦投资于能带来改变的地方。能带来改变的地方需要深入挖掘才能找到，这就需要关注企业的关键业务，而非只关注其数据。

二是重点解决根本问题。全面多渠道审视你的客户反馈，并按来源列出排名在前的客户问题，找出问题的根本原因，而不是只浮于问题的表面。下面通过一组案例具体呈现（见图2-21）。

| 店面 | 网上 | 脸书 | 推特 | 邮件 | 总则 |
| --- | --- | --- | --- | --- | --- |
| 店内人手不足 | 搜索功能差 | 送货未到 | 商店里无可用的职员 | 产品质量差 | 商店里无可用的职员 |
| 油漆可用性差 | 价格高于竞争对手 | 商店里无可用的职员 | 送货未到 | 故障产品 | 店内人手不足 |
| 价格不明或缺失 | 线上显示的商店库存不准确 | 故障产品 | 故障产品 | 商店里无可用的职员 | 产品质量差 |
|  |  |  | 商店不接电话 |  |  |

图2-21 某客户反馈总结

从战略大处出发，在关键点的小处着手，才能让我们高效快捷地使用客户体验的方法论来建立核心差异性优势，创造领先品牌！

# 第三节　数字化的核心就是加强客户体验到反馈的循环

数字时代的顾客能够便捷地接触到多方面的信息，而且重视个性化的体验。当前，绝大多数的 B2B 公司都已经认识到，能否提供良好的客户体验（CX）是保持竞争力的关键。但是只有 20% 左右的最优秀的公司能够掌握、实行正确的策略，并最终实现收入增长。实际上，有调查显示，在客户体验方面实施效果不佳的公司往往只能获得很低的利润，而在客户体验方面起领导作用的公司的收入能达到平均水平的一倍。

**1. 满足客户体验的需求**

世界范围内的"80后""90后"是当代经济建设的主体，数量大约占到世界人口的 27%，这个群体中的大部分在 marketing（市场营销）中被称为"数字原住民"（Digital natives），他们的整个人生都与数字化有着紧密的联系。在传统的客户旅程中，接触点由新兴的数字化形式替代，以数字化工具与客户进行互动。数字化（Digitization）在客户体验（CX）里正扮演着越来越重要的角色。如何使用数字化赋能客户体验的提升，而不是为了数字化而数字化呢？

一直以来，集装箱运输流程是比较复杂的，从人工录入的订舱流程开始，不仅效率较低，还伴有很多的不确定因素。马士基集团推出全新数字化产品 Maersk Spot（马士基港），打破了超额订舱的恶性循环，为客户提供更简单、有舱位保证的运输状态。

Maersk Spot 完全实现数字化订舱。客户全天候进行在线搜索，以获得具有竞争力的价格，实时在线价格系统在客户确认订舱时就确定费用，并在订舱的同时获得舱位保证和运营执行。可以说，马士基借助数字化技术一举解决了整个行业存在的低效问题。

如果客人取消订舱，则需收取相关费用；如果货物被甩，马士基会对客户进行补偿。Maersk Spot 使马士基与客户双方都主动履行承诺，实现了更高的航行可视性和运费确定性。

Maersk Spot 从根本上简化了客户的订舱体验。从前的线下流程包含 13 个步骤，涉及包括运费表、条款、附加费等在内的大量的沟通和文书工作。Maersk Spot 将烦琐的流程优化精简为 5 个简单的步骤，极大地提高了客户体验。

通过 Maersk Spot 受益的绝非马士基，还有马士基的客户，比如印度拉姆科水泥有限公司（Ramco Cements Limited）。该公司每周从印度的恩诺尔港往斯里兰卡经济首都科伦坡海运约 120 到 200 个集装箱。

拉姆科水泥有限公司市场部总经理维维卡·南丹罗·摩克里希南（Ramakrishnan Vivekanandan）说："我们此前已经提早订舱，但仍然存在由于航运公司的舱位问题导致我们的货物无法装船的问题，致使我们失去客户的信任。现在通过 Maersk Spot，运输不再有不确定性，只需提前一到两周订舱，就能确保以最优惠的运费将货物准时运送给客户。"

上面的案例阐述的正是技术层面上实现数字化对提升客户体验的重要意义。提升数字化客户体验的方法有多种选择，但企业必须有一定的侧重点，以保证投资回报率能成正比。

数字化客户体验的 3 个典型特征是：更快，更方便，更简单。比如

"15秒原则"（客户在某个网页停留的平均时间不会超过15秒，找不到相应信息就会离开）就是很好的诠释。

因此，企业必须检视自己的数字化工具在客户端的使用场景、使用频率等要素，不必强求一定要独立的数字化工具，也可以是数字化模块，渗透在客户的平台中。其他如网页是否有足够的信息，界面是否足够简洁有导引性，是否有电子信息交换系统连接（Electronic Data Interexchange, EDI）能让客户的ERP系统直接连接到企业的ERP系统，是否有合适的工具让客户快速找到适合他们的产品或与竞争对手的产品进行比较等，都是需要考虑的场景，从而加强使用的便捷性。

此外，是否使用流程自动化辅助客户加速决策也是其中很重要的场景，比如，专门处理客户订单、投诉等问题的订单处理人员，如今可以利用RPA技术（机器人流程自动化）把简单的人为操作变为利用机器来完成。机器可以复制操作流程，自动寻找关键字打开相应的系统并输入信息。因此流程速度加快，给客户的反馈速度也加快，还可以避免人为操作失误，更为重要的是解放劳动力以创造更多的附加值。

面对数字化浪潮，我们既需要快速反应，适应市场变化，也可以学习其他顶尖公司的成功经验为己所用。我们总结出了一系列数字时代客户体验的变化趋势，以及在这种趋势下一些行业领头的企业是如何实现B2B业务转变的。想要适应数字化浪潮进而从中获利，就应当认真学习这些案例，并将获得的启示进行实践。

第一，从"B2B"转变为"人链接人"。

B2B的客户同时也是B2C的顾客。他们对B2B企业的期待往往是根据市场上最优秀的B2C企业的表现决定的。无论对哪一种细分的传统行业，客户都变得越来越注重客户经验，更加忠诚，而且会希望企业提供无缝交流体验。现在，消费者越来越熟悉社交媒体、顾客激励和门户网站，这些已经成为B2B企业服务产品的重要组成部分。有远见的企业已经捷足先登，成功设计了许多引人入胜的最终用户体验；这一行为提升了企业提供服务的价值，使服务的双方获得了双赢。

自20世纪初以来，米其林集团长期为长途货车、物流集团等提供轮胎租赁服务。随着数字技术进入汽车行业，米其林得以准确统计轮胎使用的时间、路程和磨损情况，并开发了一项新的服务产品，允许B2B客户"按里程数"租赁轮胎，而无须购买轮胎。通过这一服务，米其林的价值主张得以从轮胎的制造、销售等核心业务转移到为客户提供定制化和结果导向的服务业务中。同时，米其林也能够提高顾客的忠诚度，建立起长久的合作关系。

米其林的启示有三点：其一，卓越的产品技术并不一定是使公司出类拔萃的关键；其二，当前的顾客越来越注重客户体验，重视结果产出；其三，企业可能需要从以往的单一业务模式转变为多种模式以满足客户。

第二，全时段服务。

随着现代生活节奏的加快，B2B客户越来越渴望便捷的购物体验。对企业来说，满足客户对于便利的需求就意味着始终在线、提供多种沟通渠道。同时，企业应当积极利用发达的移动设备，将以往必须由客户本人办理的业务转移到移动端，为繁忙或行动不便的用户提供便利。

微信是中国用户使用最多的移动通信软件。自2013年以来，这款软件与多家金融企业合作，推出了微信支付服务，并逐渐扩大合作厂家的数量。现在，微信的用户可以用二维码简便地进行在线支付，购买商品。合作商可以通过微信支付开展营销活动，为买卖双方提供双赢的服务，商户也可以使用微信的服务管理经营状况。通过布置完善的、即时的在线反馈系统，腾讯得以自动化地解决许多商户的问题反馈和查询，使其客服系统不至于被大量的问询申请压垮。

这个案例的启示是：其一，移动设备的发展使得购买行为不再局限于电脑前、商店内；其二，数字支付可以为企业提供更便捷的数据管理；其三，建立移动营销渠道可以促进新活动，提高顾客忠诚度。

第三，为单个客户定制。

现在的 B2B 服务的企业客户更喜欢能够满足客户个性化需求的产品，不喜欢调整自身来适应产品服务。对于 B2B 企业来说，以往的一成不变的"均码"服务模式已经过时了。虽然定制化的服务意味着成本提升、数据交流的难度提升等劣势，许多企业还是允许客户来主导 B2B 服务的形式和内容，而这种情况正逐渐成为 B2B 服务业的主流。

Amazon（亚马逊）是全世界最大的网络电商之一。2018 年，该公司推出了一项面向企业客户的推广活动，为小微企业和个人入驻用户提供个性化的服务指导。Amazon business（亚马逊商务）还针对不同地区的企业用户推出了不同的定制服务，比如对中国的小微企业提供调查报告和培训，使这些企业能够快速了解海外市场和消费者的喜好，快速建立工作流程，使用广告进行推广等。结合 Amazon 本身成功的 2C 经验，这些培训与服务得以切实地帮助到客户企业，实现快速成长。定制化的 B2B 服务使采购的双方都能接触到更大的市场，也使客户更加信赖亚马逊品牌。

该案例的启示是：其一，在设计服务时，请牢记自己品牌所传递的信息和保有的优势；其二，努力帮助客户匹配其需求；其三，在顾客购买过程的早期就介入，能带来一系列连锁反应，增长销售。

第四，了解消费者。

除了解直接服务的企业客户，B2B 企业还应该了解企业客户所面向的消费群体。了解客户及其多样化的产品、服务和体验需求，是提升 B2B 客户体验的第一步。企业需要分析、洞察客户最核心的需求，并以此为基础推动 B2B 服务的创新及新产品的开发。此外，企业还可以提前分析预测消费者宏观、个人方面的未来需求。市场上的先驱者往往很善于实时信息馈送，来快速获取信息并转化为见解运用到 B2B 服务中，进而从中获利。

菲亚特的最新款车型安装了由谷歌提供的车载远程信息处理和信息娱乐系统。这些系统与功能强大的分析系统链接，可用于生成客户和产品洞察，改善产品。菲亚特还可以通过信息娱乐系统接收来自客户的直接交流反馈，并了解驾驶习惯，以帮助研发部门了解车辆运行状况，为保险和车辆维修等领域提供新的服务机会。

该案例的启示是：其一，企业可以直接或间接地从客户那里收集到丰富的数据；其二，了解客户的行为有助于推动创新；其三，实时诊断可以帮助洞察产品性能，并推动企业提供新的服务。

第五，"生态系统"整合。

企业客户开始越来越关注全球各地的产品，不再只关注一定地域范围内的最优产品。除了出色的专业经验，B2B 客户还需要尽可能广泛的服务。为此，B2B 企业正越来越多地与专业信息提供商合作，扩大加深服务范围以提高服务的便利性和客户满意度。这不仅可以优化当前业务，还可以通过创造全新的业务模式和收入来源创造未来。

谷歌公司推出的 Nest 智能供暖控制器是可以与用户的收集互联，并根据以往的使用情况调整能耗，是一款便捷智能的家用设备。谷歌公司与 NPower 建立合作，利用 Nest 的高度便利性和适应性以适配大规模的公用基础设施。通过这次合作，Nest 在市场上变得更有吸引力，而 NPower 的服务得以变得更加全面。

该案例的启示是：其一，大规模、敏捷地合作将建立良好的合作伙伴关系；其二，合作可以产生先发优势；其三，大量传统的行业在被数字化的趋势破坏，形成新的数字化后的商业模式。

第六，重视"自上而下"的创新。

创新不再是孤立的研发部门的职责，它已成为建立战略差异化的过程中越来越重要的部分。创新型企业专注于建设跨组织的创新能力，以在各个层面上维持对创新的重视。他们还鼓励尽可能让员工和适当的第三方参与创新过程。因此，B2B 企业的创新活动应首先着重于为当今和未来的客户设计出色的服务和体验，当然这并不是说 B2B 创新就不能降低成本，恰恰相反，马斯克就把航空发射的成本从阿波罗计划的每公斤 44 万美元降到了 5000 美元，降幅高达 98.8%。这里我们提到了更多是通用型的市场产品与服务。

特斯拉打破了传统的汽车企业价值链：将所有的制造与开发活动保留在公司内部以保持创新的重点。相反，他们提出了新的关注点，即将汽车打造为"有轮子的 App"，使其能随着软件开发不断更新，改善用户体验。特斯拉的创新活动还延伸到了其他方面，比如他们将其专利向外部开发者开放，从而促进了电动汽车软件和技术的更新进程。当你买到特斯拉汽车的时候，它不再是一个固定的硬件，事实上软件在不断更新，就像我们手机上的 App，它是一个自带生命的车。

该案例的启示是：其一，成功高效的创新需要组织上给予足够的关注；其二，创新不应该局限于项目交付时间，而是应该在企业的运转中持续进行；其三，利用外部洞见，是深化和拓宽创新思想来源的有力方法。

从这些趋势中我们不难看出，现在 B2B 业务客户的核心需求是良好的服务体验，而不简单满足于产品本身。针对这个需求，公司可以有针对性地开展一系列对策和准备活动，以完善、提升用户体验，增强公司的竞争力。

**2. 利用数字化有针对性地增加差异性竞争力才是核心**

令人愉悦的客户体验是企业客户乐于再次与 B2B 服务提供商合作的主要动机。数字技术的发展使得许多客户对 B2B 服务有了新的期待，并会把企业的服务与其他 2C 行业的体验相比较。比如，使用移动银行 App 的用户并不会将它与其他银行的 App 进行对比，而是会和其他行业的体验、功能顶尖的 App 进行对比，从而发现很多不足。面对这个问题，mBank 决定将其在线银行系统和一部分核心业务进行彻底改革，重启他们的移动银行服务以适应移动端的用户。该银行通过考虑顾客对"现代"移动服务的需求，推出了快捷、方便的移动 App，使许多以往需要在网点办理的服务得以在移动端完成。

改善 B2B 企业的商业活动的用户体验，可以从下面几个措施中选择适合自己公司的进行操作。

第一，感知变化，理解变化。

和人类一样，商业组织的生存取决于其感知和适应变化的能力。面对数字化的浪潮，仅仅是"感知"并不足以使公司脱颖而出，更重要的是，企业的领导者能否解释并应对这些变革的信号。感知、理解市场的变化并不能只靠从业人员的直觉，需确定自己的优势、在行业内分享信息、组建自己的洞察团队，以便时刻挖掘、分析行业信息。

感知对于大多数人而言并不是一项与生俱来的能力，通过后期有机的训练可以提升这方面的能力。世界著名的设计公司 IDEO 的设计思维，可以提供很好的创新和落地模型与步骤。它的实践分成三大步：

第一步是学习把商业里要解决的业务问题，变成一个有一定想象空间

### 洞察：商业成功的秘诀

但又不会过于笼统的设计思维问题，问题要以用户为中心，改变用户的一些行为或者为用户带来利益。比如，一个原始的业务问题可能是：我们如何提升咖啡销售的业绩；经过一系列的梳理，这将变为"我们如何帮助二线城市的25~45岁的用户提升他们饮用咖啡的频率？"。

第二步是进行客户访谈调研，尤其是找到特别人群（比如重度使用者，刚刚使用的人）看他们说、做、感受，用同理心感知并收集数据，让他们做给你看，问他们为什么，他们对产品有没有改良使用的特殊习惯，就访谈的资料进行洞察分析，找到他们背后的动机。

第三步是生成方案。这个也有三大步：一是用头脑风暴的方式或者其他形式来进行创想，主意越多越好，然后进行有创意的选择。二是选择一个创意做故事看板，用简单的四个格子把故事的主线条画出来，最简单的方式有时候却是最好的共同语言，让大家不沉浸在数据和文字编辑中，反而容易达成共识。三是测试。用最小成本、最低风险的方式进行测试，帮助大家在规模化推广前迅速获得用户反馈，迭代优化，确保未来的成功率。

IDEO（艾迪欧公司）用这样的方法设计了无数领先的产品与体验，其中包括苹果的第一个鼠标，第一台笔记本电脑，Steelcase的椅子，Northface的椅子，参与学校的体验设计。在中国，IDEO用设计思维帮助方太推出了第一个水槽洗碗机，让方太在产品推出的第八个月市场占有率就突破了30%；帮助拜耳设计经销商体验包，应用在超过1000家的旗舰店里。此外，IDEO还与滴滴和清华大学合作，用设计思维的理念来培育"以人为本"的新型领导力。

第二，更快地开发和发布新想法来进行迭代。

尽管很多行业领袖都认同数字化对创新技术的推进作用，许多数字行业的新秀、颠覆者其实并不认为自己的工作是"创新"。在他们看来，"创新"只是用他们能得出的最佳方式来解决特定的客户问题，创新是解决方式的结果而不是目标。面对客户问题，B2B企业首先要进行更多尝试，其次要学习如何突破自己，而在数字时代这项工作可能不需要成本。比如，一家大型移动运营商可以迅速测试多部手机和资费套餐，以此寻找可提供最佳销售和利润的产品，并收集各种服务对客户的吸引力，作为日后洞察活动的资料。

第三，充分理解和利用数据。

大型的B2B服务企业拥有几乎不可思议的数据量。善用这些数据开发，可为客户带来具有新价值的产品和服务，而其中必不可少的第一步就是对数据进行分类和过滤，以保证手中的信息可以在日后被正确地检索和使用。这一行为同时也是洞察活动的重要前提条件，熟练掌握手中的信息可以使洞察活动更加高效。

利用数据的另一个要点是数据的呈现方式。针对不同的使用场景，企业应该考虑不同的数据使用方式。比如2012年沃尔玛推出了一款专门帮助消费者搜索商品的搜索引擎（Polaris），依靠其背后强大的数据库和语义搜索技术，该搜索引擎使得购物者的购物量增加了5%到10%。

早年，猪八戒是服务设计师的平台中介，撮合买卖双方交易，收取佣金，但一直发展缓慢，之后经历了七次战略升级变革，每一次都把产品模式、盈利模式、运营模式、组织架构推倒重来；如今升级为中小微企业全生命周期服务平台，采用"海洋大数据+钻井平台服务"模式。利用自有的海量平台数据钻探出了知识产权、财税、印刷、金融、工程等多口黄金钻井，每一口井都可以获得上亿元的营收，而如今的猪八戒也已经不再收取佣金。其中的八戒知识产权已经是国内最大的知识产权代理平台。猪八戒网以平台为核心，挖掘大数据应用价值的战略升级转型是一个非常成功的案例。

第四，建立并维护一支高"数商"团队。

"数商"（Digital Quotient）相对于情商、智商，一般指的是人对数字的理解把握能力。这种能力能确保 B2B 服务供应商为客户提供经过深思熟虑的解决方案，并且在面对初创公司时能提供一定的指导作用。招募有相关背景的人才，聘请"数字导师"来领导企业的相关工作或者开展培训活动训练员工的数字理解能力，都是增强团队"数商"的好办法。既有行业知识，同时又有数商能力的人，将是未来人才市场的佼佼者。

第五，合作或投资一些非核心活动。

开展非核心活动可以帮助公司拓展新市场，发展新伙伴，了解新知识。无论是寻找新的应用程序编程接口（API），还是业务发展合作伙伴，与合作伙伴保持一致的数字生态系统等都对数字化发展至关重要。未来几年中，具备开放的思维并用于建立非传统的伙伴关系将变得非常重要。

第六，优化组织，提升速度。

要使公司成为数字时代的"领跑者"，需从两个方面优化组织架构：一是要建立有 CEO 级别支持的中央团队，专门负责推动服务、产品的数字化。二是组建一支在数字化行动中心的"维护"团队，保持其在公司内部的独立和一定的地位，并在合适的时机帮助进行数字化。此外，企业还可以选择雇用一名"首席数字官"（CDO）来推动这项工作。

对于企业家来说，一定要避免过度介入自己并不理解的数字领域。企业家需要在新的数字时代指定新的财务指标，比如"活跃用户数量""用户参与度"等，而不局限于传统的金融指标。

## 第四节 管理客户体验需要跨部门联动和CEO推动

### 1. CEO 直接挂帅担责的重要意义

打造营销闭环，管理客户体验，既不是一蹴而就的过程，也不是单个部门的单打独斗，而是需要战略层面的重视，需要跨部门的协调和配合，特别是市场部、销售部、运营和运输部门的协同配合。

当年笔者在就职客户体验总监时，每年第四季度要召开市场部、技术部、销售部中高层会议，分享当年的客户体验报告。我们把优选痛点最强、燃点最好的场景作为制订下一年度竞争战略的根据之一；同时管理层会在组织层面进一步改进企业的业务结构，调整授权结构，绩效考核，不断复盘，以作到有效的自下而上的创新。

而这种复杂的组织能力的提升，往往需要 CEO 直接挂帅担责，否则客户体验的设计和执行往往就被部门墙挡住，艰难地在夹缝中生存或者直接就死在路上了。在 2015 年的欧洲 CX 大会上，多个企业 CX 发言人都表达了同样的观点和内心的焦虑。

### 2. CEO 直接挂帅担责的具体任务

在企业内保持并推广客户体验的服务流程的改进成果，有三点重要建议：其一，需要在组织层面和流程上做出调整。其二，调整评价指标和激励机制，支持服务全程，而不是只重视接触点。其三，重视数字化和智能化（尤其是 AI）的支撑作用。

CEO 在挂帅推动组织能力变革的过程中，同时要注重文化对驱动客户体验变革具有极大的潜在动力，通过积极主动地改变公司文化来引导员工以一种客户为本的方式思考，培育成长型思维和实践能力。结合价值观和行为标准，将文化纳入业务流程和绩效考核指标中，才能真正地全方位地推动业绩的发展。一家大型银行要求每名高管和董事每个月打电话给五位对银行服务不满意的客户，这是简单有效的灭火方法。

以优化单一客户体验环节为目的的改善只是一项战术任务，以客户体验全程为导向优化再造组织流程和企业文化则是有意义的战略布局。打造全新客户体验需要很多年才能臻于完善，但实现后，企业将收获更高的客户满意度、员工满意度、成本和风险的降低，最终实现持续的收入增长和竞争壁垒。

# 第四章 围绕"客户价值创造"打造客户管理

## 本章要旨

第一,客户是企业的成长基石。建立以客户为先的文化,让使命愿景、战略协同各个部门的关键任务和流程向客户的价值创造看齐。

第二,企业确定战略客户是看中客户与企业共同创造的价值,反之客户也同样如此。战略客户管理要注重和高层决策者达成共同的目标。

第三,一个好的文化和一个"用户思维"的理念,需要有组织架构、系统和流程共同打造落地。本章我们将介绍两种大客户管理模型来启发大家设计适合自己的组织职能结构:钻石模型和铁三角模型。

客户管理,主要是通过对客户进行深入详细的分析,来提升客户从购买产品到服务的体验,以提高客户的满意度、忠诚度和保有率。客户管理的核心是客户价值管理,通过相对标准的价值赋能长尾客户;或者是"一对一"定制营销原则,满足大客户的个性化需求。

客户管理分战略客户管理和标准客户管理。针对客户给企业带来的价值分为四类:战略客户、高利润大客户、潜力客户和普通客户。毫无疑问,战略客户对于企业经营与未来发展的价值最大。有些战略客户可能给企业带来的毛利不高,但带来的口碑性宣传和商誉背书却很强。

要想获取战略客户,让战略客户价值最大化,促进企业经营成长,企业势必要在战略客户管理上下功夫,以实现客户价值持续贡献和企业盈利能力全面提升。

## 第一节　战略客户管理

**1. 要定期作战略客户计划**

企业需要定期作战略客户计划，在客户计划中了解企业在该客户的战略定位，企业对客户的需求和洞察，企业的解决方案的匹配度等，才能让企业从日常的战斗层面的项目管理上升到战术的布局，再进一步上升到战略的诉求匹配分析。

确定了目标战略客户，尽快展开客户开发工作。在对客户实施全方位洞察之后，也要让客户对企业有深入的了解，才能展开双方企业层面的战略级合作。让客户了解企业可以通过七项优势呈现——品牌优势、技术优势、产品与服务优势、创新能力优势、未来收益优势、价值输出优势、与客户的互补效应优势。

**2. 了解竞争对手，制定竞争策略**

与了解战略客户同步进行的，是对主要竞争对手的了解。在战斗的同时，不能只看到正面敌人，还要防备哪股势力在背后偷袭，要提前侦知这类隐患，尽早防范。对竞争对手的了解始于确认谁是竞争对手，这可以从三个方面着手：其一，目前与客户正在合作的企业（嫌疑最大）；其二，参与投标竞争的企业（野心最大）；其三，能提供同样工艺或服务的企业（隐患最大）。

接下来，要针对上述"三最"进行分析，以制定相应的防范策略和竞争策略，在适当的时候可利用竞争对手和客户谈条件。一是掌握竞争对手的生产、经营、营销、项目等方面的数据。二是分析竞争对手的商业模式，包括主要核心业务和主要盈利点及未来发展空间。三是了解竞争对手的组织团队的架构，掌握其真实水平。四是将竞争对手的主要目标和方向研究清楚，包括长期的和短期的。五是掌握与战略客户已合作的竞争对手的合作时间、合作原因、合作不足等。

重要利润客户不一定就是战略客户，结合行业趋势，今天的重要利润客户有可能由于新兴技术或者供应链的改变在未来的两三年后迅速陨落，今天的小型客户也许成长很快，技术方向前瞻，他们对企业现有的能力有领跑和鲇鱼的作用。因此，需要企业通过定期的大环境分析、行业的梳理、重要利润客户的计划回顾来选择，进而主动管理。

## 第二节　战略客户和高利润大客户的管理有什么不同

虽然战略客户和高利润大客户都来自大客户群体，但因为具有的战略高度不同，进行客户管理的方式也不同。

**1. 高利润大客户的管理策略**

高利润大客户一般分为两种：产品驱动型和服务关系驱动型客户。

第一，针对产品驱动型客户的客户策略。

该类客户的目标点在产品。这类客户非常熟悉所要采购的产品，但也只在乎产品，不需要销售附加值，并希望减少销售环节（见图2-22）。同时可以参考前面提到的"交易型客户"的行为和特质。

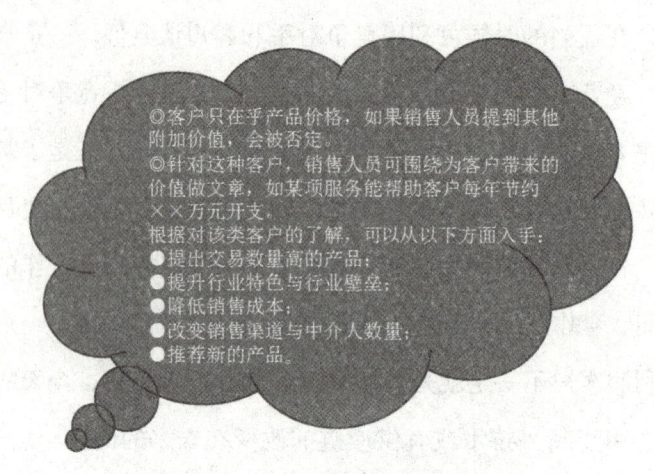

> ◎客户只在乎产品价格，如果销售人员提到其他附加价值，会被否定。
> ◎针对这种客户，销售人员可围绕为客户带来的价值做文章，如某项服务能帮助客户每年节约××万元开支。
> 根据对该类客户的了解，可以从以下方面入手：
> ● 提出交易数量高的产品；
> ● 提升行业特色与行业壁垒；
> ● 降低销售成本；
> ● 改变销售渠道与中介人数量；
> ● 推荐新的产品。

图2-22　产品驱动型客户的客户策略

第二，针对服务关系驱动型客户的客户策略。

该类客户的目标点在于建立关系。因为相信对方企业给出的产品、服务或方案能够创造真正的价值，因此愿意建立超越直接交易的关系（见图2-23）。

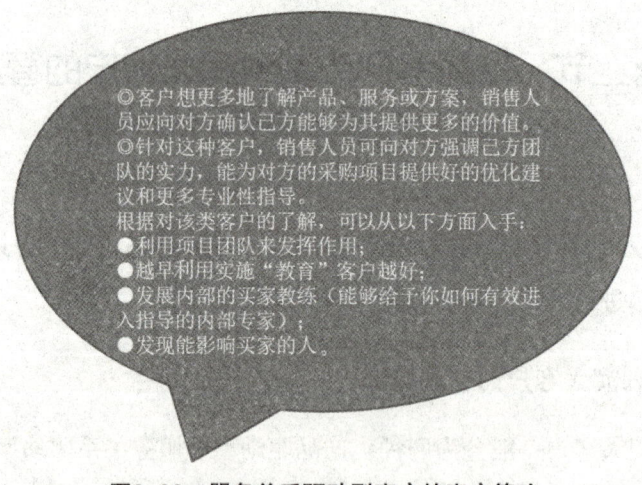

> ◎客户想更多地了解产品、服务或方案，销售人员应向对方确认己方能够为其提供更多的价值。
> ◎针对这种客户，销售人员可向对方强调己方团队的实力，能为对方的采购项目提供好的优化建议和更多专业性指导。
> 根据对该类客户的了解，可以从以下方面入手：
> ● 利用项目团队来发挥作用；
> ● 越早利用实施"教育"客户越好；
> ● 发展内部的买家教练（能够给予你如何有效进入指导的内部专家）；
> ● 发现能影响买家的人。

图2-23　服务关系驱动型客户的客户策略

### 2. 战略客户的管理策略

战略客户的目标点在于共同创造，致力实现买卖双方的关系平等，以期共同进步，共同创造未来价值（见图2-24）。

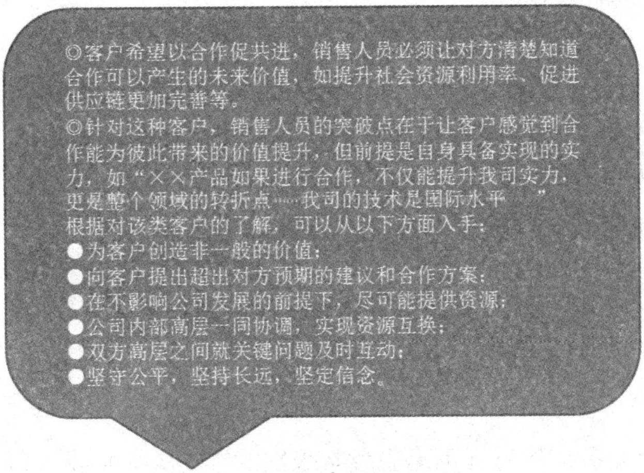

◎客户希望以合作促共进，销售人员必须让对方清楚知道合作可以产生的未来价值，如提升社会资源利用率、促进供应链更加完善等。
◎针对这种客户，销售人员的突破点在于让客户感觉到合作能为彼此带来的价值提升，但前提是自身具备实现的实力，如"××产品如果进行合作，不仅能提升我司实力，更是整个领域的转折点……我司的技术是国际水平"。
根据对该类客户的了解，可以从以下方面入手：
● 为客户创造非一般的价值；
● 向客户提出超出对方预期的建议和合作方案；
● 在不影响公司发展的前提下，尽可能提供资源；
● 公司内部高层一同协调，实现资源互换；
● 双方高层之间就关键问题及时互动；
● 坚守公平，坚持长远，坚定信念。

图2-24　战略客户的管理策略

针对不同的战略客户要寻找不同的战略管理路径。一些企业的战略路径是通过大型活动的协作给战略客户带来流量，从而降低对方对价格的要求。有的客户选择技术领先的企业，和其形成战略性合作伙伴关系，在新品研发的过程中共同投入，共同分享。

某企业要求战略级客户经理不仅要聚焦销量，还要聚焦对方的各级管理层（包括最顶层）。每年要同对方的总裁、总经理及核心管理人员会面一两次，进行战略层面的对话，并组织双方核心业务单元的人进行一年一次的战略性沟通（邀请对方的6个部门，加上本企业的6个部门）。

这种基于战略层面的客户管理模式，会让企业在行业内尽显不同，并促使企业与战略客户的合作完全达到个性化、需求化和系统化。

## 第三节　支撑战略客户管理，需要新型组织结构

在战略规划下洞察客户"共同创造，打造行业新领域"的需求，企业需要有相应的组织能力和组织架构来支撑实现这些新的产品与服务的创新

和持续的差异性优势。

某汽车集团希望对众多汽车配件供应商重新规划和调整战略布局。其一，汽车行业受电动车的影响，投资逻辑发生了改变。从2013年开始，全球各大汽车厂商都在积极重新开始全球战略合作伙伴的谈判，中国汽车厂商在全球完成谈判后，还增加了本国的再谈判过程。其二，汽车行业采购日趋专业化。曾经由售后部门主导的谈判，升级为专业采购部层面分析、主导及协同内部多部门共同拍板的过程。其三，很多OEM核心人员的关系都在经销商或服务商手里，抓住核心大客户，需要确定是谁在把握客户的客情关系，从而真正建立战略级别的客情关系而不是战术型的客户关系。

综上汽车行业和售后市场的背景，作为传统的供应商，一个全球运营的大型汽车配件供应商需要怎样的组织能力来应对变化？对战略客户的服务模式应如何改变？

### 1. 建立大客户销售"钻石模型"

汽车厂商和供应商的传统合作方式是以采购方（汽车厂商）的采购部门和供应方（供应商）的销售部门作为双方联结的主要接触点，就像蝴蝶的身体。同时，供需双方的决策、销售、研发、生产、财务及物流等各职能部门以此接触点进行协调沟通，这些部门排列起来就像蝴蝶身体两侧的翅膀。因此，这种合作方式就被形象地称为"蝴蝶结模型"。

为了适应行业的逐步发展变化，该供应商开始变更组织结构模式，颠覆了"蝴蝶结模型"，革命性地转化为"钻石模型"（见图2-25）。

配件供应商的各职能部门与OEM的各职能部门互相对接，进行广泛的日常协调沟通。同时，OEM的采购部门和供应商的销售部门指挥和协调各自的职能部门，提升对接质量和效率，形成"钻石"结构。

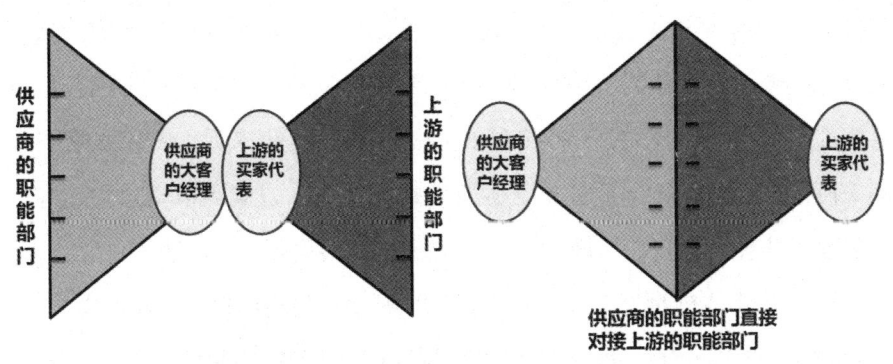

图2-25 "蝴蝶结模型"转化为"钻石模型"

通过实践过程发现,"钻石模型"建立在供需双方已经存在合作的基础上尤为有效。"蝴蝶结模型"用于建立与新客户连接较为普遍(见表2-4)。考虑到产业垄断相对集中,以规模经济为主要特征的汽车行业"钻石模型"的应用范围更为显著。

表2-4 "蝴蝶结模型"与"钻石模型"的优缺点比较

| 事项 | 蝴蝶结模型 | 钻石模型 |
| --- | --- | --- |
| 优点 | 保证信息传递的一致性和完整性;<br>销售团队有更多的工作机会建立和巩固内、外部客户关系;<br>项目推进过程中职责清晰。 | 对于客户需求的把握更为专业和精准,提升沟通和工作效率;<br>提升销售领导力,使其专注发展与客户关键人物的客情关系;<br>有利于建立全员销售团队,增加客户关系接触点,便于捕捉商机,随时调整自身战略。 |
| 缺点 | 信息传递不直接,缺少效率并易产生误解;<br>销售团队承担超本身角色的职责;<br>在项目推进过程中,缺乏工作的灵活度。 | 信息传递有时候会出现缺乏统一性和完整性;<br>销售团队的领导力要求比较高;<br>设立针对性和有效的职能部门考核指标比较困难。 |

从表2-4中不难看出,当供需双方的各部门有了各自的接触点后,供应商可以更全面地了解客户需求。比如配件商的技术部门和汽车厂商技术

部接触,了解对方发动机未来3到5年的发展;负责供应链的部门对接对方供应链部门,了解对方供应链未来3到5年的战略布局……将汽车厂商每个部门的战略性规划及一两年内的要素全部提炼出来后,交由大客户经理来协同全球各种不同业务单元的资源进行优选,以满足推动这种差异性的服务。这种大客户在后面,大客户经理也在后面。

从"蝴蝶结模型"转变为"钻石模型",供需双方的接触面增加了,彼此的黏着度提高了,对于商业机会的把握和业务项目的管理改善明显。

  该配件商的高层管理团队充分授权给其客户体验和能力发展部门来具体促成以销售团队为主导的"钻石模型",并要求每个职能部门从战略和操作两个层面规划其与吉利集团的归口对接,具体内容包括工作流程、职责、考核指标及改进方案。

  以研发部门为例,在战略层面,研发部门需要和OEM的全球及中国研发部门进行发动机的共同研发,新产品应用和成本分析,制订符合国际和国家标准的规格配方说明书。在操作层面,研发部门需要根据每一轮竞标的要求测试润滑油新产品,制定产品市场投放的技术数据,并符合客户的时间要求。研发部门在整个研发过程中还需要捕捉商机,并与销售部门制订共同的营销行动方案。

  通过"钻石模型",该供应商巩固和加强了对OEM客情关系的管理,从战略、流程、人才和绩效多个角度提升各个相关职能部门的能力,建立了双方更加紧密的战略合作伙伴关系。

经过对该案例的分析,可以看出调整组织结构、升级对客户的管理,对企业赢得竞争至关重要。此外,我们还必须了解"钻石模型"的四要素,它们的强弱将决定企业在行业中的竞争力。

企业的发展不仅靠自己的销售团队,经销商和服务商作为企业的外部伙伴也起到了很重要的作用。企业筛选服务商、经销商在服务这些重要客户群体时应至少具备两项标准：一是其服务客户的业务规模和商业重要性；二是服务商本身的经营规模和运营能力。企业有责任对选择的服务商、经销商进行组织能力的提升。对服务商、经销商的组织能力提升，达成钻石模型的执行标准，简要介绍以下几个步骤。

首先，要对服务商、经销商进行调研、考核、诊断和评估，以筛选出合格者，包括评估服务商、经销商的发展战略、内部管理、考核机制及各方合作方式等，涉及面可达对方的高层管理人员、部门经理和业务骨干3个层面。此外，还可以进行两级式问卷调查，总经理和部门经理为一级，基层员工为另一级。问卷内容涉及战略合作伙伴的市场定位、年度任务、业务指标及设定流程、企业文化、管理风格、行为准则、激励机制、岗位能力要求、培训与发展等各个方面。

其次，企业有必要帮助和支持服务商形成明确的共同的服务客户的愿景、使命和价值观，并以此为基础梳理服务商主要工作任务清单。从客户总部战略层面和各个区域操作层面建立企业和服务商的职责分工，形成作为整合后的供应商团队强有力的组织能力。

最后，在准备工作完成的基础上，企业应深入开展与服务商的联合工作，现场给予工作指导，定期回顾改善，帮助完善服务商的职能部门设置。正是因为合作的深入化，嘉实多在和服务商通过分析彼此的战略部署、对接汽车厂商的战略规划以及年度发展计划后，赢得了服务商的信任，打消了服务商对于成本的顾虑。

通过重新规划、调整战略布局和提升服务商组织能力的实践，对于销售团队的能力发展提出了新的要求，从而明确了销售团队的最核心能力——战略客户管理，包括战略客户计划、战略谈判规划和采购流程管理。

## 2. 建立大客户销售"铁三角模型"

"铁三角"以客户经理或系统部部长（AR）、产品或服务解决方案经理（SR）、交付管理和订单履行经理（FR）为核心组建项目管理团队，形成面向客户的以项目为中心的一线作战单元（见图2-26）。从点对点被动响应客户到面对面主动对接客户，不仅可以更准确全面地理解客户需求，还可以将一线作战从客户经理的单兵作战转变为小团队作战。

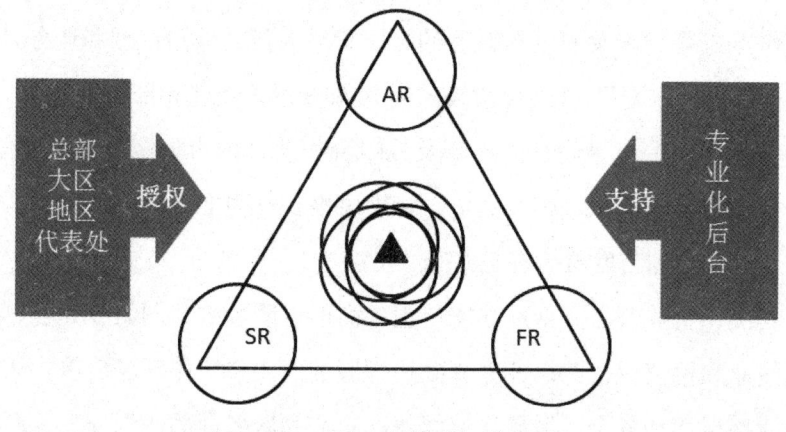

图2-26 "铁三角模型"核心角色

AR是相关客户或项目（群）铁三角运作、整体规划、客户平台建设、客户满意度、经营指标达成、市场竞争的第一责任人，需具备营销四要素能力（强化客户关系、解决方案、融资和回款条件、交付服务），提升综合管理和经营能力，以及带领高效团队的能力。

SR是客户或项目（群）整体产品品牌和解决方案的第一责任人，需具备从解决方案角度帮助客户获得成功的能力，具有集成和整合公司内部各个专业领域的能力。

FR是客户或项目（群）整体交付与服务的第一责任人，需具备与客户沟通交付与服务解决方案的能力，项目进度监控和问题预警能力，以及对后方资源的把握能力。

销售流程变革不是将"铁三角"看成3个人，而是视作3个角色。因为个体是对应组织的，角色是对应业务流程的。3个角色可以是3个人，可以是4个人，也可以是5个人、6个人，根据项目实际情况而定。整个公司为这3个角色服务，具体工作由这3个角色运作。

铁三角体系包含两个方面：一是项目（群）铁三角：基于项目设立，具有任务性和阶段性的特点，因为是代表公司直接面向客户的一线作战单元，是铁三角模式的核心。二是系统部铁三角：由解决方案部、销售业务部和交付与服务部构成，作为服务客户的部门而存在，是相对稳定的职能组织形式。

项目（群）铁三角与系统部铁三角是支撑与被支撑的关系，系统部铁三角负责为项目（群）铁三角提供支撑（见图2-27）。

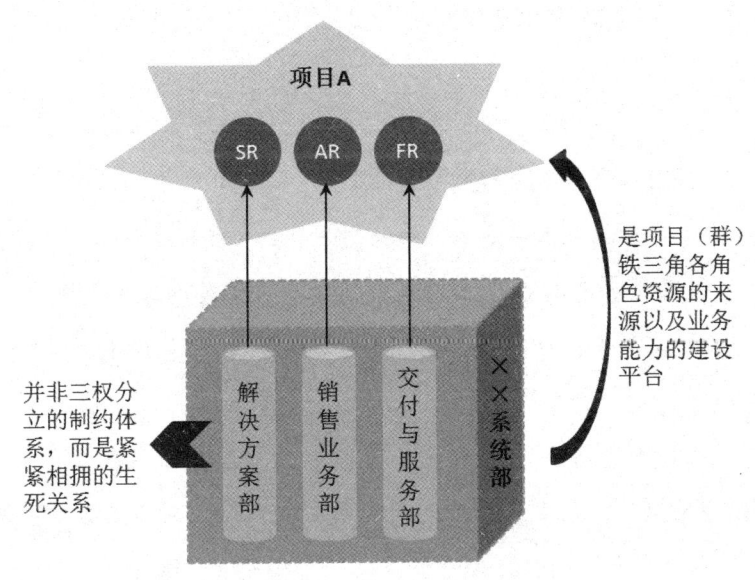

图2-27 项目（群）铁三角与系统部铁三角的关系

有人说华为的成功，有很大原因归功于LTC（从线索到回款的流程管理）的规划成功，更重要的就是实施"铁三角"，并且连续4个动作将其有效落地。华为内部总结：

一是赋权到位。项目立项、投标、签约、合同变更等决策，依据项目等级进行授权，并引入项目制授权（包括合同营利性、合同现金流、客户授信额度、合同条款等），实现决策前移。

二是权责明确。项目铁三角内的三种角色目标一致，责任清晰。在授权和预算范围内，项目铁三角具有经营管理、奖金分配、资源调度、重大问题决策、绩效指标制订等权利。

三是洞悉客户。项目铁三角需要深入了解熟悉客户的组织结构、所在部门、岗位、职务、权限、运作流程。整理客户各项业务流程，梳理出流程中的所有关键客户角色。

四是角色转换。AR 由销售人员转向综合经营管理者；SR 由产品销售转向综合解决方案销售；FR 由项目交付转向对客户服务与满意负责。

总之，让听得见炮声的人来决策，就要给予足够的权力、指导和支持，让每一次决策都得到有效实施。

用任正非的三句话概括以华为为代表的"铁三角模型"的精髓：

"铁三角的初衷是在市场的最前端，强调使用联合力量作战，使客户感到华为是一个界面，铁三角对准的是客户。"这是面向客户联合作战！

"公司业务开展的各领域、各环节，都会存在'铁三角'，三角只是形象说法，不是简单理解为三角，四角、五角甚至更多也是可能的。"这是聚焦目标，打破壁垒！

"我们过去的组织和运作机制是'推'的机制，现在要将其逐步转换'推''拉'结合、以'拉'为主的机制。推的时候，是中央权威的强大发动机在推，无用的流程、不出功的岗位是看不清的。拉的时候，看到哪一根绳子不受力就将它剪去，连在这根绳子上的部门及人员一并减去。"这是推拉结合，以拉为主！

客户是企业成长的基石，只有把基石筑牢，企业成长才能稳固。管理不能大于业务。因此公司的管理，最终也是落实到客户的计划与管理上，让客户感受到价值，感受到你的差异性优势，而这些恰恰是客户想要的且是不可或缺的。

# 中篇
## 洞察组织,战略落地

# 第五章　有系统组织能力支撑，战略才能落地

## 本章要旨

第一，数字化转型本质上不仅是技术带来的数据可视化，更是商业模式的转型，是组织能力的转型。

第二，组织能力到底是什么？组织能力即开展组织工作的能力，是指公司在与竞争对手投入相同的情况下，具有以更高的生产效率或更高的质量将其各种要素投入转化为产品或服务的能力。

第三，企业的基础组织能力有十多种，但是它们在企业不同的发展阶段有不同的侧重点。组织能力在工业线性时代强调低成本、高质量、快速交付。而在生态环境和多变模糊的新常态年代，组织能力要素主要是指支撑创新、客户至上、自适应能力。

第四，组织能力的打造，通常需要借助外部咨询。组织发展的咨询方法论和传统咨询不同，其强调咨询过程，从定约、诊断到干预、复盘的过程中，强调找到真正的客户。同时在诊断的过程中强调通过问题来启发关键人的思路，并通过激发关键人的热情来打开他们的思维，自我构建新的解决方案的赋能过程。

对于传统企业来说，数字化转型的目的是"利用数字技术破解企业、产业发展中的难题，重新定义、设计产品和服务，实现业务的转型、创新和增长"。

数字化转型是基于IT技术提供一切所需要的支持，以洞察满足与超越客户需求为核心，让企业的业务和技术真正产生交互，以增强企业的竞争力和效益。

## 第一节 组织能力到底是什么

数字化转型常常会带来商业模式和组织结构的转变，因此组织能力往往也随之而改变。组织能力是指开展组织工作的能力，即公司在与竞争对手投入相同的情况下，具有以更高的生产效率或更高的质量将其各种要素投入转化为产品或服务的能力。

2018年，一篇"五问腾讯大企业病"的文章炮轰腾讯没有梦想，指责其丧失产品创新能力和创业精神，变得投行化，从而引发6万次的浏览。腾讯总办的首席运营官（COO）Mark在一次采访中回答腾讯的组织能力特点是：自我修正和进化的能力很强。腾讯非常看重"内部的生态"——自下而上的活力。你可以把腾讯想象为成千上万的创业团队，在公司的平台上创业。决定腾讯的几次重大产品创新，如QQ、微信、腾讯会议，都不是高层战略决策，而是来自中、基层的自主突破。为了支撑腾讯的组织能力，他们形成了二大核心组织架构。

腾讯组织中的业务团队负责功能闭环。以产品经理负责制，确保创新的想法产生、最小模型（MVP）的生成、产品的生成和落地验证及商业化的过程。

腾讯的平台则分成流量、技术、职能三种。发挥大企业的优势，为业务赋能，提升业务团队创业的成功概率。

腾讯的生态伙伴聚焦除了社交、数字内容、金融、云以外的其他领域，补足其他垂直能力。

当然，除了组织架构之外，他们还有创新机制、激励机制、人才机制、信息共享机制等系统来支撑组织能力的形成。

腾讯以6到7年作为一个变革周期，不断抵抗创新者的窘境，让腾讯成为一个有进化功能的组织，培育长期的生态竞争优势。

杨国安教授曾经总结过世界级企业必须具备四大核心要素：外部环境感知、客户至上、贯穿始终的创新和敏捷灵活。对于一般传统的企业而言，基础组织能力还包括善用技术、协同、文化、客户响应度、个体才能、领导能力、运营效率等。在线性成长的工业年代，低成本、高质量、快速交付，这些传统基础组织能力在支撑核心差异性竞争优势；而在客户时代，组织能力体现在客户体验、生态建立与维护方面。

**1. 企业不同时期的组织发展需求**

支撑愿景的达成。企业需要厘清战略布局和识别未来企业发展需要的组织能力，适时作好联动匹配的储备。一个企业在不同时期有不同的组织发展需求（见图3-1）。因此，企业管理者首先要清楚了解自己公司是处在哪个发展阶段，以找到相应的核心组织能力需求。其次，进行组织能力的设计与执行。核心组织能力的鉴别来自于对外部市场的感知和洞察，及对自己核心价值的了解。最后，全系统地建立支撑核心组织能力的各个子系统，包括战略、价值观、组织、绩效、流程、领导力等模块。

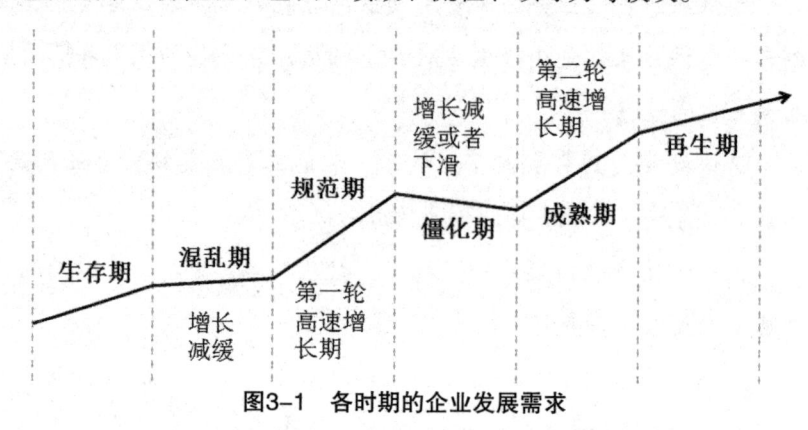

图3-1 各时期的企业发展需求

生存期是企业新创阶段，业务单一，组织要完成所有关键任务才能赢得生存权，其中最重要的任务是两个：有能力辨别出当前或潜在市场的需求（识别和定义市场），有能力在盈利的基础上开发出产品和服务来满足市场需求。在生存期，创始人或团队需要克服对风险的恐惧，以早失败、早成功的心态积极主动地去拥抱市场的不确定性。

混乱期也是企业的扩张阶段，企业业务从简单变得复杂。此阶段对组织提出了新的挑战和问题，当增长的销售额看上去需要无休止地增加人手、资金、空间时，组织资源被拉伸到极致。为适应该阶段的扩张与升级，基础建设需匹配企业规模（可以营业额来衡量），同时能支撑组织的持续增长。

混乱常常体现在产品管理重点不清晰，品牌建设比较随意及产品销售与开发管理脱节。人才没有标准，招聘没有体系，人员分工不明确，领导下沉式管理严重，能干的就很忙，冗余的人也有。

业绩快速增长，安全或者质量事故也常常发生。团队表现在士气高，但同时压力大，人员动荡得厉害。

挺过之前的混乱期，企业就走出了"成长之痛"的洗礼，业务、产品、品牌、渠道、人员等都相对成型。企业高级管理人员这时也认识到，组织需要发生质的改变，需要建设更加规范的产品、人才、战略、流程、绩效等管理机制，各个职能需要专业的而不仅仅是信得过的人才担当重任。这种认识的形成来自于经营发展的需要，虽然以非正规方式运营，却也可以繁荣增长。但由于缺乏目标和计划，控制能力虚弱，一旦达到临界规模，组织将难以应付。因此，组织需要具备正规的计划、定期的会议、岗位职责定义、业绩管理系统，发展重点应是开发管理系统，用以将企业带入下一个发展阶段。

总之，在从创业型组织向以创业为导向的专业化管理组织转变的过程中，组织除了必须保持创业精神外，还需要专业化的管理能力。

规范形成后，总会有一段追求平稳的巩固阶段，巩固适当，有益于组织发展，如果失当，则会使企业陷入僵化。

要避免发展停滞，机制死板，对市场反应减缓的僵化状态，需从企业文化管理入手。公司从松散组织向严谨组织的转变，从战略随机向有明确战略规划的转变，从模糊目标向更具体、可衡量目标的转变，从不清晰岗位描述向正规岗位描述的转变，从有限问责制向制度化问责制的转变……都牵扯企业文化的转变。

本阶段的企业文化建设，不应再是组织工作中的副产品，而应是在组织内部具有自觉且正规的传播影响力，并对其加以监督和管控。有了符合企业未来发展的文化，组织的灵活性和自适应力也将增强，对僵化期的抵御能力明显增强，甚至可以缩短僵化期的时限，开启多元发展模式。

多元化归因于产品成熟度与市场新机会，因此多元化表现为两个方面：为现有市场提供新产品和为现有产品开发新市场。能够实施多元化得力于组织的成熟度与掌控力，当组织不能成功进行多元化时，将导致企业发展停滞，甚至倒退。

成功突破僵化陷阱的企业，将迎来发展的成熟期，成熟的重要标志是整合能力。在经过多元化发展的过程后，企业将包含许多不同的业务单元，需要发展支持诸多新业务单元的管理基础建设，如确保拥有必要的资源、运营系统、管理系统和企业文化等。

成熟期的企业有能力应对整合所引发的问题。如组织结构问题，把组织分成N个事业部（或把组织事业部化），需要确定企业层面的职责和各个事业部的职责。再如管理系统问题，企业将事业部去中心化，力度小了，企业在"挂羊头卖狗肉"；力度大了，企业容易沦为运营"投资组合"的投资者。企业对事业部的去中心化必须在两者之间寻找平衡，既要对运营部门有一定程度的集中控制，又要给事业部足够的自由度和空间。很多大型企业没有做好平衡工作，而是过度依赖组织控制，这样的组织远未成熟，属于"只长年纪，不出成绩"。

果实成熟之后，要么被吃，要么腐烂，都是一次面向死亡的过程。企业的发展历程也类似，在经历成熟期之后，因受外部环境影响，其愿景、产品、服务将发生根本性改变，此时企业将不可避免地步入衰退期。庞大如微软、通用都经历过衰退期，可能还不止一次。有些企业经历衰退期后就再也没能重生，如雷曼兄弟、柯达。

导致企业衰退甚至死亡的原因可以总结出很多，但根本原因只有一个，即组织在取得巨大成功后对改变的抵触，即便知道外界的改变已风起云涌，仍然抱着"宁愿固守死，绝不改变生"的信念。那些在废墟中成功再生的组织，都有重新开始的勇气，重视自己为创业型企业，重视组织发展的全部关键领域——在组织发展金字塔的所有层级进行发力，以实现组织复兴（见图3-2）。

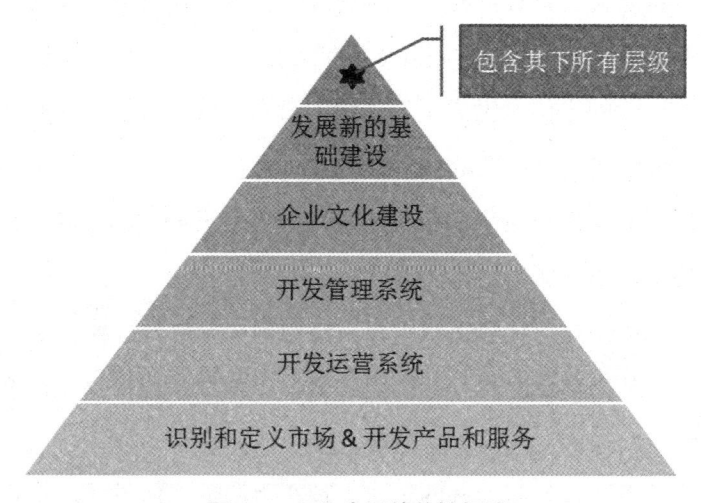

金字塔层级（自上而下）：
- 发展新的基础建设（★包含其下所有层级）
- 企业文化建设
- 开发管理系统
- 开发运营系统
- 识别和定义市场&开发产品和服务

图3-2　组织发展的关键领域

### 2. 美的的组织能力变化及启示

上面是从企业的生命周期的角度来了解企业在不同的时期需要不同的组织能力，下面我们就以企业核心业务的视角，来介绍美的的成长过程，看他们在不同的营业规模下，他们通过发展什么核心业务才收获了如今几千亿元的企业规模和品牌效应（见图3-3）。

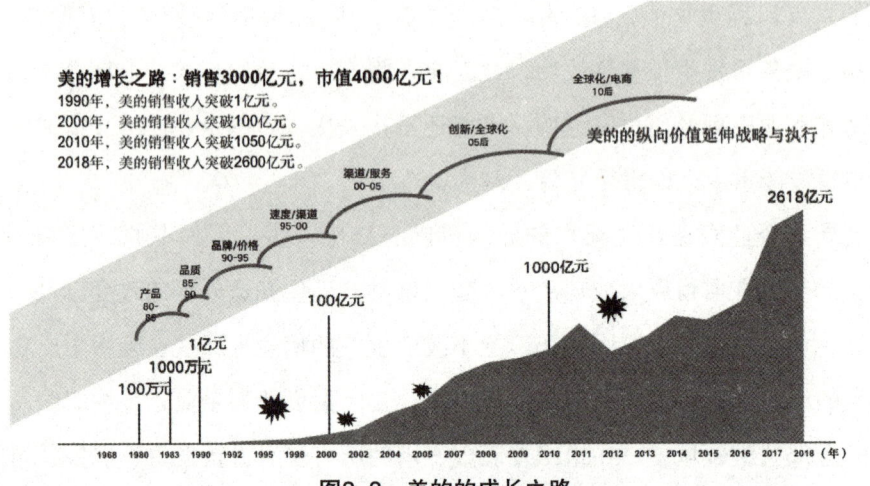

**美的增长之路：销售3000亿元，市值4000亿元！**
1990年，美的销售收入突破1亿元。
2000年，美的销售收入突破100亿元。
2010年，美的销售收入突破1050亿元。
2018年，美的销售收入突破2600亿元。

图3-3　美的的成长之路

谈到组织能力，看看美的集团从制造业转型后其组织能力的变化。能否达成企业转型后的定位，关键在于其能否建立竞争优势和竞争灵活性。

转型前，美的定位是世界工厂（国内自有品牌＋国际代工厂）；组织能力聚焦在低成本，质量稳定，交付速度快。

转型后，美的定位是中国智造（构建海外自有品牌）；组织能力升级为敏捷创造，效率驱动，全球运营。

曾经，美的的竞争优势多集中在策略规划和分析外部环境上；现在竞争优势多来自从内部建立优异的组织能力，以整合企业科技、财务和策略的实力。

曾经，美的强调要有明确的定位，现在更注重如何灵活地将企业资源有效地整合，来为客户更快捷、更有效地提供产品和服务。

从美的转型前后的对比可以看出，其从以企业内部的各组织单独塑造自己，转变为向内减轻员工流通阻力和向外构建植入整个生态系统的相关组织结构。根据各企业所面对的子环境的不同，基于市场化的生态组织有多种表现形式，如常见的扁平化组织、敏捷性组织、阿米巴组织、网格型组织、二元性组织、指数型组织等。这些无边界的、利于学习的、后科层时代的组织结构，为各类企业解决组织变革过程中遇到的各种问题提供了参考以及切实可行的持续影响力。

除了企业的生命周期，外部市场的竞争态势也需要我们培育不同的组织能力以在竞争中成长。我们看到从 20 世纪 80 年代的"规模经济""经验曲线""进入壁垒"到 90 年代的"核心竞争力""动态能力"，人们对经济的关注逐渐由整体环境转向企业自身。这种转变源自竞争环境的变化。

在产业界限清晰的时候，行业结构在相当长的时间内会保持稳定，企业的产品竞争力就成为决定企业利润率、增强竞争优势的关键。因为核心资源的稀缺（比如技术、人才、原材料资源、资金等），企业与纵向的合作伙伴及横向的竞争对手都要展开争夺，企业无法在价值链的各方面都形成可持续的生态竞争优势。因此，依靠核心竞争力建设企业势必会形成组织刚性，只知对外攻城略地，不懂内部柔性改进。当行业发生短期剧变或长期演变时，组织刚性越强的企业越难以突破路径依赖，最终很可能沿着既有路线奔向灭亡。这方面的代表如柯达，其率先发明了数码相机，却因为害怕自我蚕食而在踌躇中错过了数码时代。后续的很多研究都对柯达的组织无限惋惜，因为他们从上至下都在自我麻痹。

而对手富士则在同时期重新梳理组织能力，在同类型产品不同行业的应用中寻找突破口，最终在自动驾驶汽车传感器和美容产品原材料上获得突破。

传感器需要采用能控制不同波长的光线的高性能材料，而富士胶片利用在影像领域积累的核心技术，能够制造符合需求的材料。

在膜渗透领域已经掌握大量技术的富士胶卷同时将目光投向了美容产品。原本为了让感光材料渗透入胶片内部所使用的技术，现在应用到了让胶原蛋白渗入皮肤上。

如今的生态时代，移动互联网和智能硬件广泛普及，产业环境、产业界限和消费者需求发生了巨大变化。消费者已经不再满足于功能单一的优质产品，个性化、关联性的产品越来越体现出其价值，企业被迁延着跨界，行业环境进一步变得复杂和模糊。企业的竞争对手与合作伙伴已经超越常规边界，时刻准备着跨界联合和跨界应战。因此，产业的融合已不允许企业组织维持刚性，消费者的需求升级也迫使企业去适应新竞争环境，生态优势的概念就此诞生，并迅速占领心智。

经济管理中的"生态"一词衍生于生物学的生态系统，将企业置于竞争的自然系统内，找到一个产品或者商业模式的种子，获取阳光雨露的滋润，自然成长。企业与企业之间、企业与环境之间，是有机的，协作的，可以相互影响，又相互助力，达到充分利用资源、消除界限阻隔、协调企业合作优化的目标，最终促成商业生态圈的持续发展。

生态系统是开放系统，需要不断输入能量，又因为不具有太阳这样的能量共主，因此企业必须是整个生态系统的能量提供者，这就要求企业必须同时具备"异质性"体质、"嵌入性"技能和"互惠性"心态。异质性可增加生态系统的多元功能，嵌入性可提升生态伙伴间的相辅互生，互惠性可平衡生态圈层的利益切割。

当企业处于商业生态圈内，企业的优势同时需要表现为外部关系——协调、优化生态圈内伙伴关系的能力，也需要来源于内部价值链——组织结构及能力的优化，资源能力的积累和运用。

科技发展进一步强化了消费者对便利和普惠的需求，推动了企业生态化进程，这一切都需要落实在一个执行点上——通过组织能力的发展，来推动以产品竞争为核心的产品竞争力和以生态圈为核心的商业模式优势。同时，这些组织能力的发展也需要高维的价值观来建设和支撑。

生态组织对组织能力的要求是"内外兼具"，对内达成组织高效流畅运转，对外具有与其他生态组织实现资源共享与相互支持的能力。因此，组织能力必须嵌入生态组织的每个细小节点，而不是每个组、块。当具备高度完成意识与能力的组织得以与生态圈内其他生态组织密切合作，就能发挥自身组织与整体生态组织的公共能力。而在生态环境和多变模糊的年代，组织能力要素就围绕着创新、客户至上、自适应能力而展开。

如此多元的变化，我们很难作到一次设计就长期使用，传统咨询的方法是你告诉我难点，我提供专家思路并做出方案给你，你去执行。而现在，这种交钥匙工程的做法已经越来越难以让客户满意，企业有很多专家，他们不缺乏行业洞察。因此，外部专家通过诊断共创赋能的方法，会让企业体会到价值和延续性。而组织发展（OD）的行动研究的方式恰恰适应了这个思路，在过去的几年里蓬勃发展起来。

## 第二节　未来的市场、客户需要什么样的组织能力

### 1. 企业类比图谱——四个维度的四类企业

依照未来市场或客户需要建设组织能力，与依照企业自身发展路径建设组织能力，这两种模式有什么区别？我们以企业类比图谱的形式进行解释。灰色背景（商业环境）分为上、下两部分，上部分是依照企业自身发展路径建设组织能力的企业，下部分是依照未来市场或客户需求建设组织能力的企业，共分为四个维度，每个维度代表一大类企业（见图3-4）。

河马类企业处于上半部，属于强悍型。河马的暴力名声不如狮虎大，但真实实力堪称骇人，落单的狮子绝不是对手，且领地意识极强。但河马大多数时间待在水里，上到陆地如果遭遇群体攻击，几顿重的庞大身躯毫无灵活性。河马型企业指的是具有核心竞争力且不断在既定轨道上发展，略有越界型创新与突破，但不善于连接外部资源和伙伴。虽然河马也结

群，但并不合作，就像有阿迪达斯的地方必有耐克，能看到麦当劳就一定有肯德基。

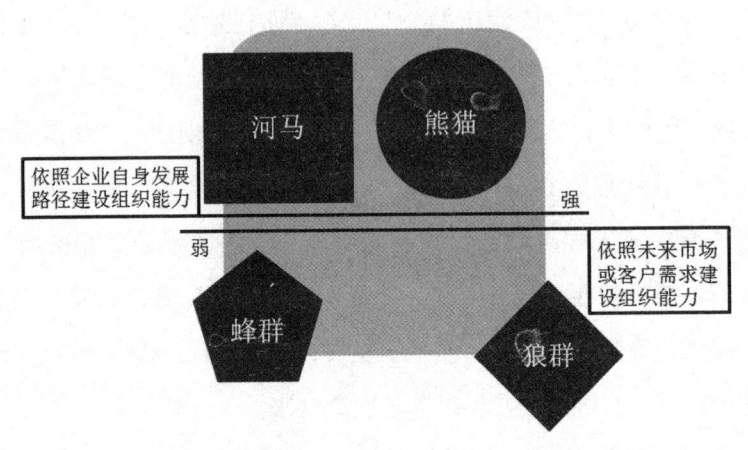

图3-4 企业类比图谱

河马型企业生态圈优化能力较弱，适合行业结构持续稳定的环境，发展轨迹可以渐进式推动，但因为规模庞大，其竞争地位很难被撼动。当行业结构发生巨变，消费者需求无规律可循，企业连续发展路径被截断，河马型企业将面临巨大挑战。近几年索尼在电子消费行业竞争呈弱势，就是因不善于构建生态圈，而过于依赖自身核心竞争力所致。

熊猫被重点保护，在保护区内成长、生活，对自然界的适应能力很差。熊猫型企业是指自身核心资源较弱，发展、创新、突破全部倚赖所处商业环境，与商业生态圈内其他合作伙伴的协作基本为零，通常依靠原始的劳动力成本和政策扶持等生存。

这类企业的体量往往不小，但不具备拓展真实实力的勇气，依赖较低价格博取竞争优势或依靠政策保护守住垄断地位，总之无法形成以自己为核心的生态优势。

每只蜜蜂的身躯都很小，因为有极强的协同能力，以群体出击时威力不容小觑，强大的蜂群杀死大型动物并不罕见。蜂群型企业与蜜蜂很像，个体体量很弱，独立个体不具备核心竞争力。在行业结构持续稳定时期，这类企业不具备任何竞争力，但在行业结构即将剧烈动荡的前期，蜂群型企业犹如蜜蜂远距离发现花粉一样，灵敏的洞察力帮助其快速感知到产业大变迁的到来。蜜蜂所到之处嗡嗡声必先至，寓意蜂群企业对生态圈伙伴有强大的号召力，善于调动和利用外部资源为己所用。

在产业融合、跨界合作变得频繁以及生态圈的重要性日益凸显时，蜂群企业可以凭借生态优势在多数竞争中占据上风。但因为蜂群本身个体体量太小，若不能找到一条快速成长的道路，脱离蜂群进入更为庞大的生态系统，甚至独自构建生态圈，优势只能是暂时状态，特别是河马型企业开始着力构建生态圈后，蜂群型企业将面临巨大的竞争压力。蜂群型企业面临的最大危险来自另一类型——狼群企业，因为狼的体重足够大，合作精神足够强，足以构建坚不可摧的生态圈。

狼兼具速度、耐力和协作能力。狼群企业是指依照未来市场或客户需求构建组织能力，并不断主动脱离原有发展轨道，寻找越界创新与突破的机会，并且非常善于连接外部资源和合作伙伴。狼群类企业大部分游离在商业环境以外，说明其善于跨界，善与协作，善于同时关联多类商业环境。

这类企业形成的群体具有高度的生态优势，不仅能在行业结构持续稳定的环境中疾步推进，也能在行业结构产生巨大变化之时顺利适应。总之，在今天异常动荡、不确定性、复杂和模糊的竞争环境中，越来越要求企业以合作性+敏捷度+突破力的狼群特征去突破阻碍，寻求新发展。

企业可以根据自身状况画出自己的优劣全景图，并准确落位在图谱上所处的位置，企业类比图谱重点表达的是企业未来的发展方向。

熊猫企业对比河马企业在竞争力方面一定处于劣势，但并不意味着河马企业是恒强的，在商业环境持续变化的动荡时代，没有永远的强者，河马企业若不顺势改进，被狼群围猎、被蜂群蜇伤也是可能的。小对大的鲸吞，往往来自破坏性创新，即并非在原有产品基础上给客户提供更高的产品，而是破坏既有市场，推出更简单、更便利、更适宜的产品给未来市场的新客户。一旦破坏式产品在新市场立足，就会逐步进入产品改良阶段，破坏者就会成为市场的引领者。

狼群企业和蜂群企业在如今也并非战无不胜，毕竟生态化已经在形成，一些大型河马企业，一边修炼出犀牛的灵活，一边学会了狮群的协作，不断扩展企业边界，囊括对本生态系统发展有利的一切因素。就像滴滴与快递"携手"发红包，逼退市场上所有蜂群对手，最终两家大鳄在完成了对市场的清扫之后并轨一处，形成新的生态系统。而之后，滴滴不断加强自身服务，增强客户体验优势和地域扩展，形成在共享汽车市场上的垄断格局。如今，百度地图、高德地图又充分利用自有平台的力量，集合更多的蜂群卷土重来，利用快速派单的方法在高峰期形成高速服务接单优势，分割滴滴市场。

**2. 企业构建组织的三大核心能力**

通过对企业类比图谱的解析可知，在未形成生态圈优势时，产品服务品牌形成的竞争优势直接决定企业地位。在形成生态优势后，以往的群体竞争变为集体行动，可间接优化行业结构＋直接改善企业地位，最终从两个路径影响企业的利润率水平，生态圈的价值也体现于此。

市场环境在发展，客户需求在变化，倒逼企业建设或踏入生态圈，企业所需的组织能力也需跟紧未来化。

相比较传统组织能力的三要素——低成本、高质量、快速交付，适应未来市场和客户需要的组织能力也需要满足三要素，即创新、客户至上、自适应能力（见图3-5）。

如今的经营大环境下，上述三项能力对于企业与生态组织的生存及发展至关重要。成功企业内部都以它们为核心构建组织能力。

第一，创新。

在几乎所有组织变革中，创新永远处于核心地位，创新是应对一切感知、一切变化、一切客户需求的前提。因此，创新应该无处不在，应该全方位展开并贯穿始终。

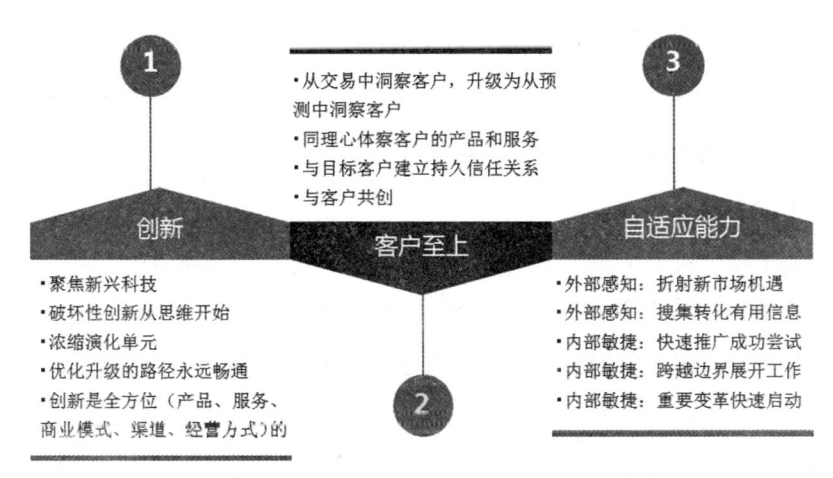

```
①创新                    ③自适应能力
• 从交易中洞察客户，升级为从预测中洞察客户
• 同理心体察客户的产品和服务
• 与目标客户建立持久信任关系
• 与客户共创

            ②客户至上

①创新
• 聚焦新兴科技
• 破坏性创新从思维开始
• 浓缩演化单元
• 优化升级的路径永远畅通
• 创新是全方位（产品、服务、商业模式、渠道、经营方式）的

③自适应能力
• 外部感知：折射新市场机遇
• 外部感知：搜集转化有用信息
• 内部敏捷：快速推广成功尝试
• 内部敏捷：跨越边界展开工作
• 内部敏捷：重要变革快速启动
```

**图3-5 适应未来市场和客户需求的组织能力三要素**

聚焦新兴科技和破坏性创新思维不是凭空就能得到的，需要不断交汇融通。亚马逊要求员工将创新建立在客户需求之上，鼓励员工在撰写新闻稿件和总结文件时，准确清晰地描述因尝试创新带给客户的价值。

浓缩演化单元是创新思维得以延展的另一条路径，如同地球生命的演化通常是部分肢体的单独行为，被困于洞穴中的生物渐渐不再需要眼睛。这种变化发生在局部，所需时间极大缩短。在企业经营上，划小后的演化单元动转灵活，可以深入企业的各级组织，丰富企业的演化层次，组织变革得以在更多层次、更多地方发生。空军作战常常是一架主机配备一两架僚机，现代特种部队作战也以几人小队最为灵活，实战性更强。

优化升级之路顺畅的前提是让异议得以释放，如同放出企业自身的毒素，为下一步更好地优化作准备。华为设立了"蓝军"（军事演习中的"蓝军"模拟敌方，华为"蓝军"也担任"敌方"角色）。"蓝军"负责寻找打败华为的各种方法，以此逼迫企业不断创新。按任正非的说法就是

"不怕方法荒唐,就怕想不出方法"。

创新必须是全方位的,任何一个点上创新力度不足都会导致"差之毫厘,谬以千里"的结果。创新会使员工在聚焦未来的可能性时感到兴奋,主动预见客户需求。总之,创新会改变企业的赚钱方式(新产品或新服务)、市场范围(开辟新市场)、企业与市场接轨的方式(通过新渠道),及客户对企业的感知(新品牌战略)……

第二,客户至上。

如果你还记得 iPhone 3,如果你使用过 iPhone 4,那么你一定不会忘记这两款手机带给世界的冲击,直至改变了全世界人的生活方式。它们不是根据客户需求诞生的产品,却在出现之后迅速征服客户。

这是最高级的客户至上,不是在同客户的交易中获得,不是从对客户的服务中获得,不是从与客户的合作中获得,而是从对客户的需求预测中获得。客户至上并非总是止于满足客户需求,iPhone 的出现是超越了客户目前的需求而对未来的一种预测;汽车的出现不是对马车时代的痛点需求进行改进,而是对 A 点到 B 点的解决方案的创新型科技推动的预测,如同滴滴对出行方案的满足一样。预测是最高级的与客户交互的层级,通过数据和统计了解前沿客户的使用行为,并通过对结构化数据的分析侦测客户的潜在需求;大多数破坏式创新更是突破了数据本身,转而对事物的本质进行探索,借助科技的手段,通过更高层次的思维来实现对未来生活方式的设想。

构建基于市场的生态组织,预测客户需求的功能,以同理心开路,以客户视角为自己加持,来洞见新的产品和服务的可能。市场化生态组织要求从上至下必须清晰了解产品或服务的可行性,不仅要拥有第一手的使用感受体验,还要通过与商家之间的数据交换勾勒出全面的客户画像(包括客户的购买偏好、使用行为、潜在需求等)。这些都能够帮助我们建立持续性创新的基础,奠定突破性创新的可能。

第三，自适应能力。

自适应需要外部感知＋内部敏捷两部分能力来实现。

我们常常看到有些领导出去参加了个大会，或者参观了其他企业，就回来布置新任务，有些任务还和其他项目冲突，让人无所适从。这时候，我们最需要了解的就是领导在外面感知到了什么，他们是否又洞察到了市场机遇中的新的关键信息，对当前客户和竞争对手有了新的了解，或者是对未来关键环境趋势的把握又更清晰了一层。

有些人对行业的洞察或者趋势有超人的预见性，通过对科技和商业模式的准确预见，提前布局收获巨大的回报，如软银的孙正义、高瓴资本的张磊等。

对于大多数普通的投资人，我们需要做的是通过电子媒介、社交互动、日常观察等方式搜集、转化有用信息；凭借以往经验和人工智能对结构化信息（稳定、可预知、易于分类和解读的，代表过去或正在经历的）和非结构化信息（与结构化信息相反，代表即将可能发生的未来）进行分析，并形成深刻见解或获得重要发现。

在收获了外部感知后，迅速形成自己的和团队的观点，形成产品或者解决方案。而这种快速推广成功尝试则是内部敏捷的一部分，反映了回应新兴市场机遇的能力。显然，回应速度更快的组织更具有灵活性和敏捷性。市场化生态组织的核心就是促进组织的敏捷灵活，快速预见市场机遇，快速反应，快速迭代，快速铺开。

重要变革快速启动，能够使企业的变革能力从平庸跻身顶级之列，组织具有快速识别并进入新市场、快速开发和交付新产品与服务以及快速实施新业务流程的能力。中国市场曾经流行这样的口号：差不多的战略，完美的执行；总结来说，组织能力的变革与提升并非一蹴而就，因为熵定律的存在，任何变革都会受到阻碍，但当企业能够以未来市场的视角看待组织变革，能够以客户需求的心理衡量问题，组织变革将变得顺畅无比。

## 第三节　如何诊断组织能力，找到干预的切入点

在第二节我们论述了无论是竞争优势还是生态优势，都需要不同的核心组织能力来支撑组织的发展。那么组织能力是怎么形成并且支撑组织发展的呢？

组织能力是在自然而然的过程中形成的，在拿下每一个订单的过程中及在处理每一个客户的投诉过程中形成的。阿里就有打仗的说法，打一场仗，提炼其中的行为要素，形成文化基因；不断在不同的企业发展阶段打不同的仗，阿里的"六脉神剑"就是在诸多的商战后总结出来的，有故事有传承。

很少公司一开始就战略清晰，流程明确，组织稳固。在商业战场上，这些都是一步步发展起来的，即使是外资公司进入国内，也需要不断本地化，了解哪些需要坚守，哪些要本土化调整。在 PDCA 的过程中不断拧螺丝，逐步发展。PDCA 是 Plan（计划）、Do（执行）、Check（检查）、Action（再执行）的缩写，是一个循环过程。

而组织发展的过程中，也有时会遇到大型跨部门的活动，比如建个新厂、推广 ERP 系统、产品升级、组织架构调整、合并收购、拆分重组、减员、迁址等，他们都会使用变革管理的形式。因此，一个组织的发展与变革通常是密不可分的，就像健身和参加比赛，相辅相成地推动了一个人的运动能力和体能的进步。而组织发展的方式也比较多样。

从 20 世纪 60 年代开始，美国的大公司制逐渐受到了市场饱和的刺激，产品价格下降，企业盈利也急剧下降。企业面临着转型或升级的问题，资本家和劳工的矛盾也越来越严重，如何维护好这个群体的关系，但

仍然要把变革做到最好？

那时，软性并灵活的组织发展（Organization Development，OD）应运而生。早年中国非常流行请国外的咨询公司，用对标的方法来进行管理。如今，随着大家的能力不断提升，环境变化的加快，组织发展中行动研究的方法论也越来越盛行，过程中 OD 顾问扮演了一个重要的角色。OD 顾问是过程咨询和人类系统的专家，而非特定内容领域的专家。OD 顾问把客户看作专家，这将其放在了一个更谦逊的位置来解锁客户隐藏的知识，从外部视角提供有用的洞见。OD 顾问把解决问题的技能转移赋能给客户，为客户的成长、学习和发展贡献价值。OD 顾问通常是精于诊断的社会科学研究者、干预者、教育者、培训师、引导师和教练。在欧美，50% 的 OD 顾问来自于业务部门，他们精于业务发展，擅长战略和运营；50% 来自于 HR 领域，他们对绩效、组织、人才和文化有通识。而在中国，OD 人才目前 95% 以上来自 HR 领域，职能上常常由 HR 领导兼任 OD 的职能。因此在国内的 OD 通常偏软性干预，比如文化、人才。这个现象在疫情后，战略的重新梳理需求加大，未来会发生更多的转变。

传统的咨询通常是甲方先做诊断，邀请乙方作为专家设计方案，然后乙方把设计方案或者 IT 设计给到甲方，甲方负责日后的落地和执行。

而 OD 则更强调过程咨询。甲方发现了企业问题后，邀请乙方参加，乙方和甲方了解了问题后，诊断设计方案，在诊断的过程中带给大家新的思考视角，激发大家解决问题的愿望。然后带着诊断报告和甲方共同商议干预的关键点和优先次序。OD 强调欣赏式探寻，用欣赏的眼光去看待大家和企业成长的空间，而不是把目光聚焦在问题与痛点上；OD 强调对话，强调平等，这意味着它相信在 VUCA 的年代，精英式管理由少数人去感知环境并作出决策，大多数人被影响、被灌输的时代已经过去，前线的人对如何让客户满意、如何作好咨询式的服务也许有更敏锐的视角和更好的主意。企业需要通过平等对话和打破层级制的奖励机制来激发每个人的潜能，让原本100%的绩效能力真正突破2到3倍；OD强调一边诊断一边调整，不断把脉，不断养生。

过去在机械式成长的年代，企业都是在稳定的大政治地缘环境和小的企业品类竞争环境中成长起来，战略计划可以做3到5年，甚至更久，我们强调的是执行！执行！但在目前连油价都可以是负数的年代，你会发现疫情下的很多既定战略都行不通了，需求消失了。全球供应链在改变，企业的战略要有弹性，要自适应，要不断小跑迭代前行，要和客户共生存，要从线下转向线上，要保持人与人的距离，要健康和业绩同步。

这些不断变化的需求，催熟了组织发展这种边诊断边干预式的不断调整、不断赋能于组织内部的人的共创共建的模式；颠覆了传统咨询企业你交付我执行的模式。这和过去剧烈的咨询式干预不一样，缓慢但温情，持久有效……而且，组织发展带有全系统的视角，了解如何从个人到团队到公司的逐步变革的管理步骤……一切公司级的变革，难道不都是靠一个个个体、一个个团队的支撑实现的吗？

西方式的组织发展OD方法论，基于"以人为本"的底层理念，核心是用愿景激发人的主观能量（比如，此时此刻、非我莫属），相信人并赋予人权力（主动并积极授权赋能），来促进共同使命的达成。

西方式的组织发展OD方法论在中国应用时，要注意底层理念的相通与不同之处。中国企业有个重要的特征，传统依赖于总裁和核心团队来掌握企业的命脉，他们的思想、格局极大影响企业的进展。如何激发他们的脑能、心能和体能，真正建立一个有愿景且善于激励团队的高管团队，成为一个企业胜败的核心。而通常这些精英型的总裁和高管都有很强的成就感动机——想成为行业冠军。因此冠军组织的概念应运而生，它的核心是总裁、高管团队驱动，借助企业文化建立以奋斗者为本，以让奋斗者获益为宗旨，协同其他企业发展要素提高组织绩效，推进组织变革发生和落地。

中国的社会是差序格局，强调的是大政府集中权力机制及关系和基于圈层发展而形成的治理机制。因此，OD顾问要懂得经营理念的不同，找到适合中国企业的干预手段，尤其是懂得针对不同所有制的企业，在不同的发展阶段的干预方式，从而让企业健康有序地向前发展。

### 1. 如何评估你的组织能力

有好的战略，但没有合适的组织能力，是无法真正落地的！

有好的人，不代表这些好的能干的人在一起就是一个好的团队！

有好的团队，好的战略，不代表他们就形成了好的组织能力！

只有合适的组织能力、系统的核心流程、匹配的胜任力才能真正支持业务战略的落地、实施与迭代，进而形成高绩效、高学习、高赋能的"三高"团队！

那么，如何提升自己企业的组织能力呢？

通常情况下，无论是内部发展专家还是外部寻找专家，都需要先给目前的组织能力做一个评估。OD咨询行动研究至关重要的工作是诊断，然后才是干预。就像老中医，不把脉就不治疗。在中国内部的组织发展顾问95%以上由HR尤其是HRBP担任；而在海外只有大约50%由HR担任，其他都是业务端的熟手转型而成。组织能力是个全科的能力，HR或者单个业务背景的专家不具有OD知识的时候，就像一个专科医生作全科诊断会显得力不从心。因此，做组织能力诊断的人必须是具备全面OD知识与干预经验的全科医生，否则就会落入头疼医头、脚疼医脚的局面。

如图3-6所示是常用的OD咨询循环圈，适用于内部和外部组织发展顾问。

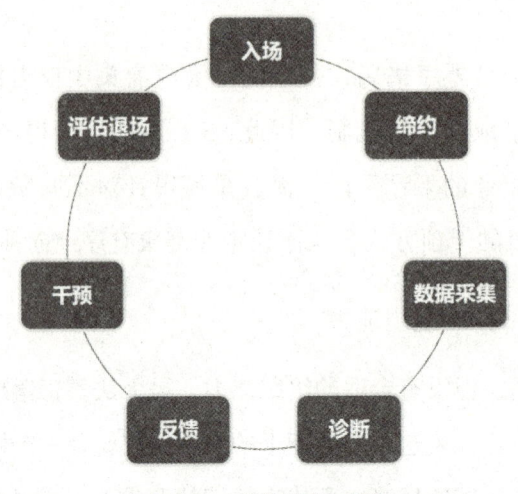

图3-6　OD咨询循环圈

OD回顾企业年度业务目标（包括指标类和任务类）以及当前的目标完成情况的数据和内容都是现成的，并不难获取，难的是如何找到造成目标和现状之间差距的真正原因，以及每个人的鼓励与抗拒的底层原因。通常形成差距的原因分三类：业务原因、组织原因和个人原因。

业务原因包括宏观经济环境、竞争势态、国家政策等外部原因，以及经营策略、市场营销、产品研发、客户服务等内部原因。其中的外部原因，OD专家无法干预，但应动态关注。

组织的原因，到最后基本都是与组织流程、人才、文化、激励相关。

个人原因与个人成长动机即马斯洛的五个阶梯需求层次有关。和一个有生存安全感的人谈成就感，是不是有思维断层的感觉？OD咨询师诊断和干预的过程，对话是个核心，如何通过对话真正地聆听、询问挖掘、反馈激发是一个极需要功力的事情。每一个对话，都是对其他心灵的探索与干预的过程，对象不同干预的结果也截然不同。

组织发展咨询又有内部和外部之分。外部咨询顾问受到邀请才能进入，这很正常。他们通常在企业的干预诊断方面更有经验。毕竟他们经历的企业多，看过的模型多。他们对发展与变革的干预节点更有感觉。他们会带来更多的最佳实践作为启发，更多的流程与干预模型作为专家的输入。而内部OD通常是变革管理和关键人管理做得更多一些。组织设计、绩效设计和文化设计过程中如何依靠了外部OD，那么你在内部落地的执行就更多。同时内部的OD更了解个体和群体的动力及心理状态，因此进行内外匹配是最佳的选择。

此外，内部OD还有一个核心就是如何获得业务部门的对他们专业的尊重和业务痛点解决的邀请。大多数企业OD，由于内部业务人员对其职能并不了解，同时内部OD的能力并不凸显，致使他们常常会处于尴尬的团建的行政支撑的位置。但OD人员又不甘于这个局面，业务又很需要系统干预，但你并没有获得主动的邀请，那怎么办呢？内部OD可以主动对组织进行诊断。每年或每半年做一次正式的组织诊断，把组织诊断作为一个长期持续的动态工作。积极掌握对整体系统的了解与评估能力，打造系统思维的理念，从战略到关键任务，积极与关键业务岗位人员进行对话，了解业务痛点，和业务协同选取核心关键点进行干预。积极建立OD干预信誉，从一个小部门干预，到一个大部门，再到全公司，循序渐进，逐步突破。

初期进入OD职能的咨询师往往很喜欢模型，喜欢用问卷访谈的方式来获取资讯；有些则期望通过参加几次业务例会、看看几份业务报告、和几个业务人员聊一聊就能找到原因。这都是比较天真的想法。要知道，最有效的学习游泳的方式是在水里，只有在水里才能真正看清水的生态系统。

深入前线，和业务人员一起工作，与客户交流，在关键的业务场景和关键的客户对话中，才能真正了解企业需要建立什么样的差异性优势，其内部系统是否支撑这些优势。要在现场亲身体验，才能真正发现问题。沃尔玛的创始人和大多数的零售行业的领袖们都喜欢泡在店里感知环境与用户反馈；马云和刘强东每年都要做一天客服，感受客户的投诉和要求。

事实上，对于一些想成为行业冠军的企业客户来说，OD 更是要围绕着打造冠军企业的目标展开。因为，OD 的诊断就该从用户开始。

## 2. 系统组织能力和文化的诊断工具和应用

系统的诊断评估常常和单个模块的诊断同时进行，比如用五星系统问卷诊断核心的几个支撑模块，同时用丹尼森模型问卷来评估文化环节的核心问题，通过交叉问卷来更加准确地把握问题和调整空间。同时，能够结合企业绩效、人均效能来进行综合评估，将会更加有效。

第一，五星系统模板。

运用五星系统模板有助于企业对组织建设产生新的认识。如果将组织整体看作一个人，五星系统分别是指组织中的流程、人才、绩效、战略、文化（见图3-7）。

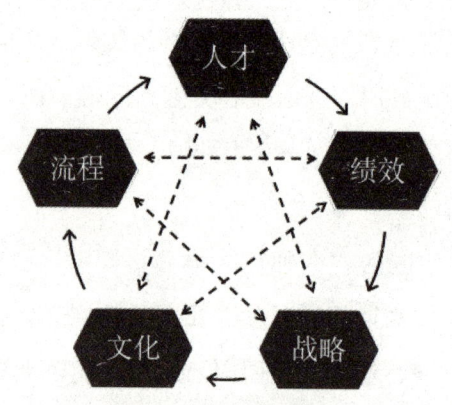

图3-7 五星系统构成

人才产生的自由基是组织具有强大能量的核心，也是组织运转和成功的基础。

管理的最佳体现为绩效，一个健全的绩效体系设计必须能够激励人们，并适当地奖励他们所做的出色工作。

战略为实现组织的愿景和加强其使命提供了良性方向和路线图。

文化是组织内的"能量发电机"，当组织内的人有共同的文化输出时，才能互相激励，共同朝着愿景努力。

组织内的流程负责健康的工作循环、信息共享和知识换代。

五星系统是整体循环的，其中每个模块都直接对应其他4个模块，任何模块出现问题，都会影响整个系统的运转效果，甚至让系统崩溃。因此，评估组织健康状况，要对5个模块进行全面诊断和全面干预。

任何组织都是由人组成的，组织系统能否顺利运转最终也落实到人。人可以是单独个体，也可以是一个团队，还可以是整体组织形式。当组织转换到一个全新水平时，其内部必将发生变化，因为个体间是不同的，彼此对公司的感觉是不同的，个体表现出的态度、行为和绩效结果都是不同的。但诊断不能只关注个体，而应在系统层面解决问题。

干预的重点是确保成功的变更和修复过程，因此我们将组织的核心系统置于诊断中心（见图3-8）。

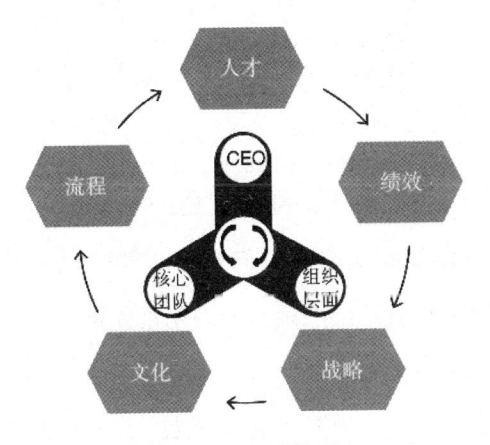

**图3-8 干预体系**

CEO、核心团队和组织层面是互动的，干预过程中会相互作用，但因为CEO是组织最高领导者，干预往往从CEO开始，以循环方式在CEO、核心团队和组织层面持续工作，最终目的是推动组织高效顺畅运转。

五星系统模型的诊断方法是实施四种不同形式的会诊，借用中医的"望闻问切"比喻更为形象。诊断之后，着手设计干预策略和干预方案。

作出五星系统诊断，客户就会清晰地看到自己的强项和短板，并且和战略目标所需要的核心组织能力做对标来迅速决定干预点。同时，每年作一次分析也可以清晰看到组织发展的干预有效性表现在哪里。图3-9是某科技公司连续三年的组织发展定量诊断跟踪，可以看到在每个核心点都有进步，尤其是战略的明晰度方面（见图3-9）。

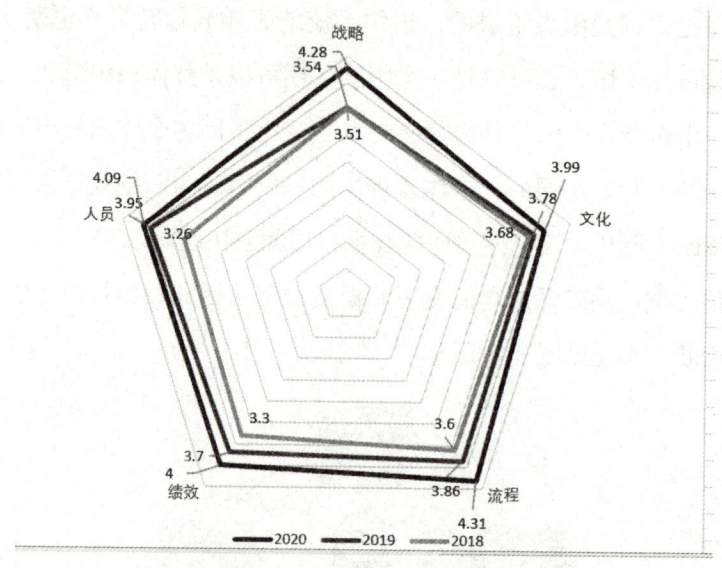

**图3-9 某科技公司五星系统诊断**

组织发展的诊断偏向系统性，但如果需要强调运营管理或者文化支撑，就需要不同的诊断工具，把握诊断的元素和颗粒度。

第二，丹尼森组织文化模型。

衡量组织文化最有效、最实用的模型之一是"丹尼森组织文化模型"。该模型最突出的优势是可靠，因为其拥有一个全球基准数据库，内含16个国家、80个行业的近900家公司的数据。因为从具体的商业运营环境中发展而来，另有资本直接与组织经营业绩联系，并将企业文化导向业绩。

该模型可以广泛运用于各类企业，如一般性商业公司、正经历合并和收购的企业、面临产业调整的企业、进行战略调整的企业、新创企业、衰落企业……

其创立者丹尼尔·丹尼森认为理想的企业文化应具有四种形态：外部适应性、内部整合性、灵活性和稳定性。在对企业的实地研究中，又总结出组织文化的 4 个特征：参与性、一致性、使命、适应性。经过大量数据对比后，提炼出 12 个与公司绩效联系紧密的文化维度（见图 3-10）。

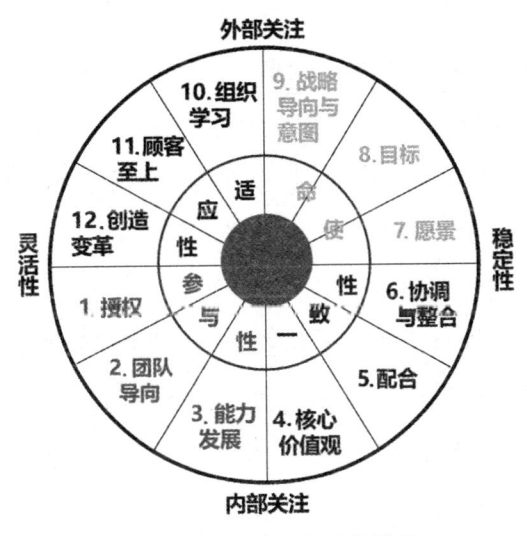

图 3-10　丹尼森组织文化模型

参与性：公司对培养员工和使员工参与工作的重视程度。授权方面，是否为员工真正授权并承担责任？团队导向方面，是否重视并鼓励员工依靠团队的力量？能力发展方面，是否不断投入资源培训员工？

一致性：衡量公司是否拥有强大且富有凝聚力的内部文化。核心价值观方面，是否有一套能让员工产生强烈认同感的价值观？配合方面，能否让员工在关键问题上达成高度一致？协调与整合方面，后端部门与前端业务单元之间有没有合作障碍？

使命：判断公司是只重眼前利益，还是着眼于制订有利于企业长远发展的战略行动计划？愿景方面，当前愿景是否得到员工的理解和认同？目标方面，是否与使命、愿景和战略密切相关，可供员工随时参考？战略导向和意图方面，是否有明确的战略发展意图，并让员工知道如何为公司战略服务？

适应性：公司对外部环境中各种强弱信号迅速做出反应的能力。组织学习方面，能否将外界信号视为鼓励创新的良机？客户至上方面，是否了解客户，并能预计客户未来的需求？创造变革方面，是否有预计变化、实施变革的勇气？是否有承担因变革而带来风险的能力？

每个文化特征都是各自独立的扇形，其内部都被分为3个维度，每个维度都更为精细地体现了企业的文化形态。比如，参与性中第1维度的授权，更倾向灵活性的文化形态，同是参与性中第3维度的能力发展，更倾向于内部关注的文化形态。以此可知，第4、6、7、9、10、12个维度，更为倾向于所靠近的文化形态。

对外部的关注能极大地影响市场份额和销售额的增长，对内部关注则更多地影响投资回报率和员工满意度；灵活性与产品和服务的创新密切相关，稳定性则直接影响到如资产收益率、投资回报率和利润率等财务指标。

必须注意，丹尼森组织文化模型只是一种工具，其本身并不能指出企业如何做，只是通过定量分析找出问题，必须与定性分析相结合才能看到企业的具体问题。想要解决所呈现的问题，需要企业内部各系统联动。同时还需清楚一点，企业文化是动态发展的过程，情况随时变化，所以应将每个战略周期作为一个调查周期进行重新测量。

青岛啤酒是国内企业文化工作开展最早的企业之一，文化的提炼、构建、推广工作已经完成，该企业最大的需求点在于：解决文化如何与企业绩效联系更密切的问题，以及解决企业文化工作成果有效评估的问题。

整个调查与实施过程分为以下7个阶段：

一是调查前培训：由企业文化中心将丹尼森组织文化模型以课件形式面向企业内部文化工作专业人员进行培训，使他们对将要进行的调查有初步了解，为实施调查做铺垫。

二是网上调查：发放问卷2800份，占公司全体人数的10%，最终收回有效问卷2082份，回收率达74%。单位覆盖率为100%，含81家单位，八大营销公司、总部各职能部室、所有生产厂、经营性公司。人员分布中，各系统中层及以上人员占60%，普通员工占40%，年龄跨度从20岁到55岁，能够较全面地反映企业内部对文化现状的认识。

三是调查中沟通：在问卷调查过程中，加强与各系统的沟通，并及时跟进，使有效问卷的回收率得到保证。

四是分析结果：将对青啤公司的调查结果与全球基准数据库进行对比，以此看到公司在行业中的表现，及目前的强项和需要提高的地方。在分析了重点关注的方面后，出具一份较有针对性的调查报告。

五是与高层沟通：与青啤公司高层（总裁，负责人力资源、企业文化的副总以及营销、制造中心的相关领导）就调查报告进行面对面沟通。调查结果得到普遍认同，针对强项和不足之处产生的原因进行了探讨，并对下一步的行动方案给出了建议。

六是制订行动方案：出具一份《青岛啤酒行动建议》，并与青啤公司进行沟通修改后，作为本次调查的一个成果。青啤公司在随后的企业文化行动方案中充分融合了这个方案。

七是实施行动方案：企业文化行动方案的实施由青啤公司相关职能部门共同完成，把针对调查显示的3个弱项作为工作重点，各系统根据工作重点设定了一些工作项目。

这次丹尼森组织文化调查，青啤公司所有分数都是和数据库中的基准线对比而来，很有说服力。这次调查让青啤公司对自身文化及发展的现状有了更清醒理性的认识，在采取工作举措时更有针对性。

总之，通过运用丹尼森企业文化模型，可以为企业在文化建设与更新、在文化同企业绩效结合方面做出重要贡献，总结为以下几点。

一是将企业文化分别与较好和较差经营业绩的企业文化进行对比，以明确该企业在文化建设方面的优势和不足；二是对业务单位或部门进行考察，以了解该组织内的亚文化；测量企业现存的文化以及考察该企业文化如何在提高经营业绩方面发挥更好的作用；三是在测量的基础上提出改进企业文化的方案，以及提高经营业绩的具体建议；四是为企业发展和企业文化变革提供决策依据……

文化的显性化可以通过邀请不同的团队来画出他们心目中的企业感受。西门子和爱立信合并时，两个团队把西门子画成了军舰，而爱立信是很多小鱼自由生活的海洋，如此形象的比喻让外人一眼就明白文化的状态了。而这是用什么模型来诊断都代替不了的直观感受。

总的来说，无论内部还是外部 OD 咨询者，在定性和定量诊断中都会因此而接触到更多企业内部不同层面的人，因此过程中重视和每个人的对话，实现在对话中通过询问给到对方一个新的视角，让他自己形成新的观点是非常重要的干预手段。尤其是针对 CEO 和高管层级，用问题陪伴对方的成长与突破；同时，企业还需要给予对方强大的心能支撑，以激发他们的好奇心与兴趣、意愿甚至是对未来干预方法与结果的向往。如果企业能做到这一点，那么企业的诊断就是全面有效的。

# 第六章 打造适应未来的新型组织能力

> **本章要旨**

第一,打造适应未来的新型组织能力是个系统工程。首先要匹配行业进展,明确在不同的差异性优势和生态优势的战略要求下,需要不同的组织能力。在VUCA的时代,创新、客户至上、自适应能力是未来组织能力发展的趋势。

第二,自适应力是核心,它支撑着其他组织能力的演变与发展。做到自适应的核心是授权与赋能。

第三,做到"客户至上"的组织力,核心是围绕着客户体验来构建战略运营能力,把握战略运营上、中、下三路。

第四,创新需要有三层系统,即从创新战略、组织、文化,到创新流程管理,再到外部创新生态系统的搭建。

第五,组织发展是组织能力不断迭代的过程。企业既要"健身",也要跑跑"马拉松",应张弛有度地发展。组织发展的马拉松就是组织变革管理,通过有效的组织变革管理,快速加强组织能力建设。在组织发展的过程中,高级职业经理人要突破经理人的思维与局限,以企业家的精神来要求自己才能真正抓住核心驱动力,帮助企业形成二次生命。

洞察：商业成功的秘诀

# 第一节　打造自适应组织能力，适应VUCA（多边世界）时代特质

首先来谈谈自适应。前面提到自适应是感知环境的变化，敏捷迭代地调整自己的战略，迅速满足客户，然后引领客户的一个过程。这个不断自适应的组织能力衍生出很多种新的组织形式，如平台化组织、网络组织、蜂窝组织、混序组织、任务中心制组织等。这些不再受困于边界，不再被中心牵扯的组织形式，形成的目的只有一个，就是能够与新环境、新生态更好地融合，最终达到自适应的目的。

自适应管理系统如同在组织外部搭建起防护罩，系统置于内可以自由驰骋、拉伸、变换，随着自适应力的不断强化，防护罩的空间、强度和柔韧性都会持续增强，可以反向促进组织变革，进一步强化适应力的发展。而且自适应的建设不是一次性的，建成之后在给予适当维护的情况下，可以是永动性发展的。

通过自适应管理系统，我们可以更好地应对消费者个性化的趋势、潮流周期短期化的趋势、数字化趋势，以及外部环境 VUCA 趋势。

### 1. 打造自适应能力的核心：授权与赋能

实现自适应的管理系统的根本目的就是实现对市场的敏捷反馈。自适应是一种状态，敏捷是一种理念。敏捷的重点在于内部快速沟通，同频共识和做出拥抱变化的行为。

构建"自适应敏捷组织"，可以通过"阅读"微弱信号，及时检测变化，及时作出响应；识别其中有意义的或有价值的变化因子，在组织内部传递对变化的理解；并快速决策调整方向，在执行层面协同变革。

可见，组织自适应就是实时感知环境，然后传递感知，及时决策，协同执行，尤其是对环境的感知，必须做到及时准确才能减少迟缓的感知造成滞后而不得不后来强行干预的过程。

在传统企业中，感知的动作通常由 CEO 来做。

中小企业是 CEO 亲自感知，直接形成判断，向下传达给各个部门，下级只需知道怎么做，无须知道为什么做，常会导致具体执行人在执行过程中出现犹豫、焦虑和不确定心理。

大企业也是靠 CEO 感知，但途径变为两种，CEO 亲自感知是一种，战略部、市场部、销售部等供应链形成共同感知与反馈循环也是一种。前者形成感知决策快，后者因为向上传递的时间间隔而影响决策速度。更为严重的是，各部门都有自己的盘算，感知后再过滤会导致传递走形。部门墙不只在感知阶段出现，在执行环节同样存在负面作用，执行必然变形。

感知之后是传递感知、及时决策和协同执行，需要领导力从纵向向横向转变。纵向领导力是信息向上传递，决策向下传递。横向领导力是将直线领导权分化为网状，个体与群体在网络中相互联系。

横向领导力可以保证感知→反馈→判断→协同的效率，因此自适应组织的核心就是保证横向领导力的形成，授权能够促使组织权力横向化，赋能可以增加领导能力的厚度。

## 2.没有权力，有责任心也白搭

为什么要授权？组织是条船，搭载船上成员抵达梦想的彼岸，权力就是船桨的放大器。

与授权对立的是控权，领导者最大的诱惑是"紧抓控制权"和"吸引追随者"，而这无疑是团队的隐患和陷阱。要将隐患彻底根除，就需要通过授权让阶级扁平化，将领导者的权力分化出去。但是对于大多数企业而言，缺失端到端的管理路径，让很多员工无法从市场和用户感知到决策实施闭环，他们更多是一个螺丝钉、个体或者团体的执行者，因此他们大多处于资源争夺的状态。要改变这种以自我为导向的问题，就需要建立愿景驱动、战略协同、端到端权力下放的组织形态。建立各层级员工企业家精神和主人翁意识，而高管们也会因此提升其价值观维度，逐渐从独断者走向促进者、合作者和服务者。

实现授权是以信任和安全感作为基础的。

信任的核心问题是什么呢？是我可以信任谁来做什么任务。

我是信任的主体，我愿不愿意信任他人的关键不在于他人，而在于我自己。影响我信任他人有3个自我的能量因子，包括我对风险的容忍程度、我个人对过程和结果的调适能力，以及我对权力的关注。举例而言，如果我对风险的承受能力强，当中发生什么事情我都有能力去干预和调整，那么我就相对愿意信任你而下放我的权力给你去操作。反之，我对你的信任度就低，就不太愿意或者不敢放权。

当然，信任放权的驱动力还和信任的客体即被信任者有关，比如，能力方面，他们行吗？善意方面，他们在乎吗？他们珍惜吗？诚信方面，他们会说到做到吗？

最后，"做什么"这个决定还牵涉到信任的行为目标，以及信任的过去、现在和未来；包括这个事情和人的可预测性清晰吗？我们互相之间的沟通是否通畅？我们的利益一致性重叠是否足够大、足够清晰？这些都潜在地影响着我们的信任与放权的决定。

事实上，如果把我们自己看作一个容器，那么只要我们的内在容器足够大，我们交出信任的可能性就越大。

原来授权真不是一个简单的设计与放松的过程，它背后有复杂的心理活动需要去挖掘！建立了信任与安全感后，授权就可以通过过程管理来实现。授权的五步基本法就是：选对人＋情境式授权；明确预期与结果，管理好期望值；观察；放手；授权者勇于对结果负责。

那么问题来了，授权的时候就需要评估员工的能力是否足够承担得起这个任务及未来的风险。当然，也会发生授权后发现员工的能力不够的情况。这时怎么办？收回权力吗？还是让他们用时间与失败去练习打怪，逐渐升级？

通过有效的团队授权，反思、迭代、调整以达到激发员工意愿，起到让员工齐心协力的作用！事实上，授权作为一个很重要的管理要素，用以支撑组织能力和个人领导力的发展。有了权力，领导者除了要带领团队完成绩效外，还需要很强的激励团队能力和个人品牌建设能力，以及用愿景激发团队动能的能力等。这些新型领导能力都需要我们对提拔上来的新领导进行培养，让他们顺利地从个人专家转变成团队领导，从自我实现到使众人行。

### 3. 打造赋能的组织能力

外部环境不断在变，适应市场、战胜市场的能力也需要不断改变。但大多数中国企业习惯于长期从市场纳入人才，以拿来主义代替自己培育队伍。这样固然降低培育周期和成本，但外来空降人才尤其是高管的成活率就成了问题。如何有效地加速内部培育人才与精英团队，一直是各大企业HR和直线经理头疼的事情。

赋能的设计框架的两条支撑腿分别是客户视角和员工视角，下面分别阐述。

第一，纳入客户视角。

纳入客户视角分为3个步骤，具体如图3-11所示。

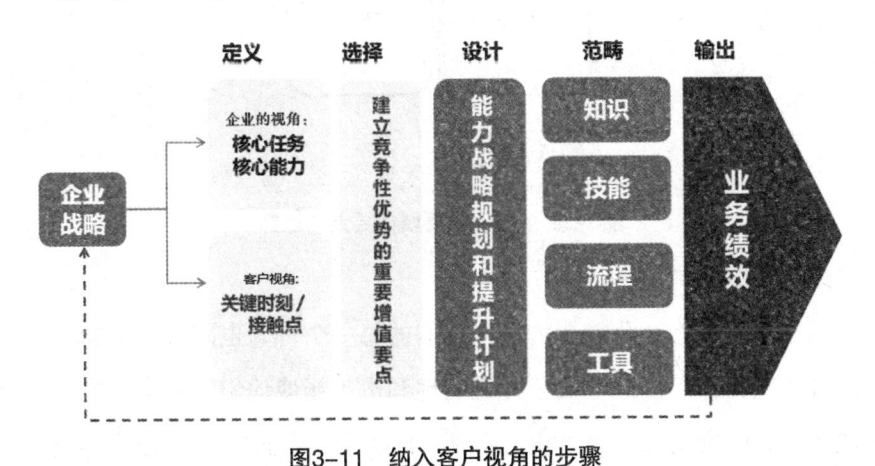

图3-11 纳入客户视角的步骤

首先，从战略出发来选择并确定我们需要执行的关键任务或活动是什么，来建立公司的竞争性优势的重要增值要点，然后从客户体验的角度看客户最关注企业的产品与服务的哪个环节，以及我们和竞争对手的差异优势表现在哪里。

其次，进行能力提升的讨论。达成共识后，设计能力战略规划和提升计划。能力提升基本在知识、技能、流程、工具范围内。

最后，以业务绩效的形式体现上述选择、设计的效果。不论效果优劣，都将反馈到企业的战略制订中，并根据效果进行调整。

该流程最重要的环节是第一步，建立竞争性优势的重要增值要点的选择，要点选择正确，才能正确制订未来发展计划。对要点的选择，必须以客户视角进行，并要结合企业优劣势（见图3-12）。

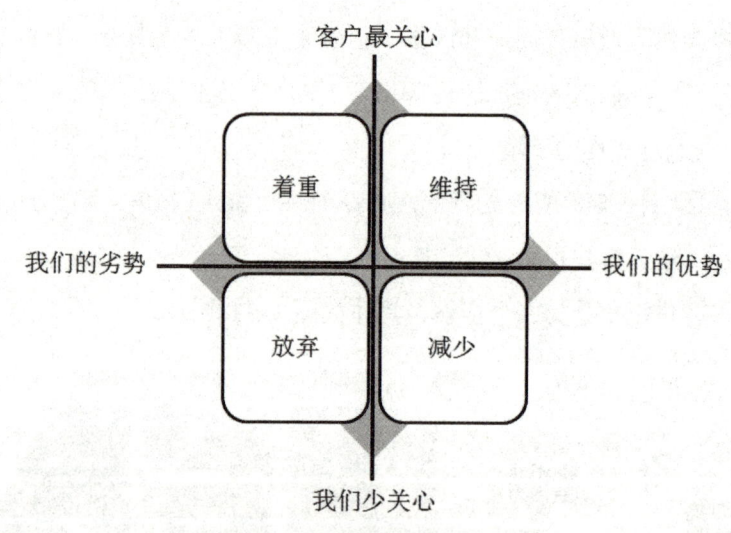

```
              客户最关心
                │
       ┌────────┼────────┐
       │ 着重   │  维持  │
       │        │        │
  我们的劣势 ───┼─── 我们的优势
       │        │        │
       │ 放弃   │  减少  │
       └────────┼────────┘
                │
              我们少关心
```

图3-12　企业重要增值要点的选择

第二，纳入员工视角。

员工不是只为企业创造价值，他们的每一个行为也同时在帮助自己创造职业市场价值。因此，要公开透明地和员工畅谈他们的未来发展。如同双轮驱动，既推动好企业业绩，同时也推动个人职业发展（见图3-13）。

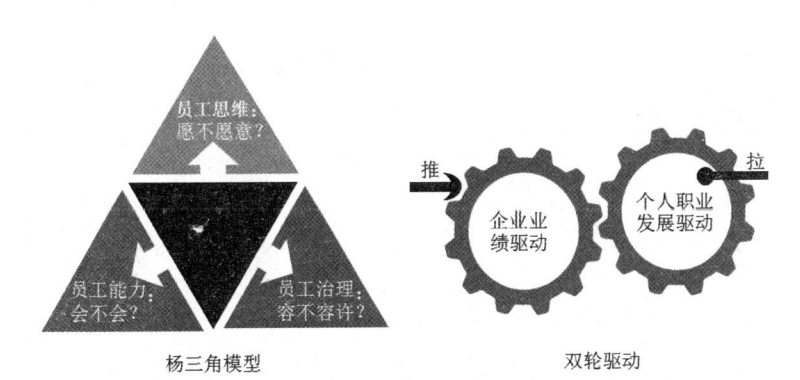

图3-13 以员工视角推动赋能双轮驱动

大多数人为了自己的职业发展,才会真正地愿意主动学习。这种很强的内驱力,会真正驱使他们愿意承担更多的项目来达成自我成长。因此,为员工提供职业发展路径规划的蓝图十分必要,此外还可以给员工提供作职业规划时的自我评估工具。有了一系列的工具与流程后,再匹配员工关爱与"以客户为中心"的文化活动,企业的发展气氛就会比较活跃。

职业规划时的自我评估工具,将工作所需的各种能力以数值形式表示出来。再对比期望职位所需的能力值,就可以看出能力差距,然后有针对性地进行弥补。如图3-14所示,是某员工运用职业发展评估工具对自身能力进行评估,可以看出有两项能力值分别超过或持平期望职位所需能力要求,其他能力值均与所期望职位所需能力不符。

了解了差距,员工就会主动地用学习的"70-20-10原理"来设计他们的学习路径。好奇与持续的自主学习能力是未来人才的核心。快速变化的世界需要我们有强有力的自驱力来快速获取知识与技能,跨界获取灵感与线索,而直线经理和HR所需要做的就是提供这种实践机会及合适的教练与课堂培训,并且在每年的绩效考核中纳入对话与反馈环节。"70"即70%,是通过在工作中练习或参加额外的项目,在做中学;"20"即20%,是通过他人辅导来练习,在学中做;"10"即10%的技能提升是通过课堂学习获得的。

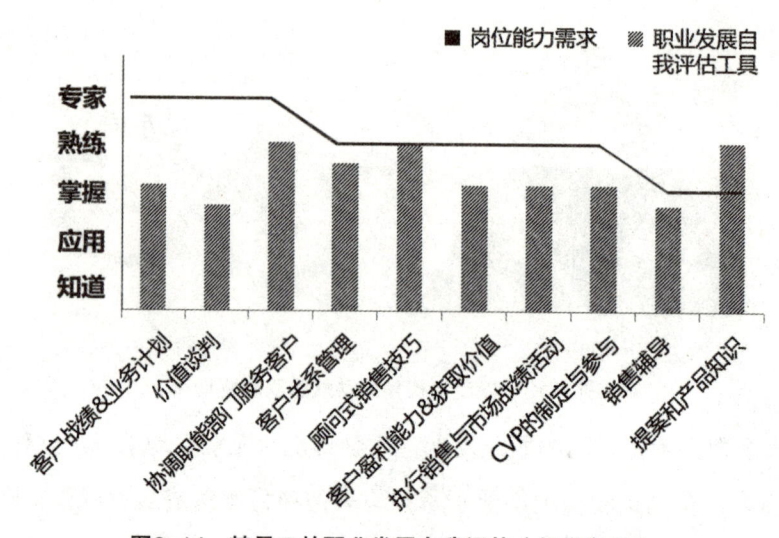

图3-14 某员工的职业发展自我评估（仅供参考）

总结而言，通过全面有效地授权与赋能打造自适应组织能力，才可以全面支撑其他两个组织能力要素，包括客户至上和创新！

授权需要高维度的价值观来实现授权的意愿，还需要对自己的信任，这个信任来自于安全感的建立。此外，授权更需要对对方的信任，这个信任一方面来自于对方的能力，同时也来自于对方值得交付的信誉积累。总之，授权需要系统性思考和筹备！

赋能，不仅是让团队完成既定任务所带来的能力，更要考虑激发团队职场和人生的动能来调动他们主人翁的精神，主动地计划"70-20-10"的方法去打造更好的自己！

除了帮助员工双轮驱动以外，企业还可以通过自上而下的组织机制建设来加强组织能力，包括基于业务价值变化的职位与任职资格体系的演进、轮岗机制建设、绩效考核系统的匹配等，这些都是HR传统上擅长的技能，在此就不一一赘述了。

## 第二节 打造"客户至上"的组织能力

我参加了一次企业内部总裁与世界各地人才的对话活动，我当时曾问总裁：如果您和下属就一个议题发生了矛盾，您通常会怎么处理呢？总裁说：我会让他们向外看，看看客户怎么说。

华为的市场拓展能力被业界冠为"狼"，隐含华为人强烈的客户意识。华为文化强调"以客户为中心"，快速响应客户，坚决成就客户。正因为如此，华为在国内市场与国外市场的竞争中无往不利。

2000年，电信与邮政正式单飞，电信设备的采购权随之改变，华为以不变应万变，仍然同各地县局保持良好互动。这样的选择，说明华为坚持客户为先，做好每一个环节。事实证明了华为是正确的，各地县局给市局提供的推荐性意见，让华为成为最大赢家。

当年，为获取郑州市的一个项目，华为花高价钱聘请IBM公司做了一份郑州本地网的网络分析和规划。后方案得到河南省高层认可，华为在豫业务得以便利展开。

在通信网络3G时代，爱立信仍是霸主。为在虎口里夺食，华为人详细调查了荷兰Telfort（泰尔弗）公司的需求状况，为其量身打造了一套3G解决方案。这种由产品营销向解决方案的转变，不仅使Telfort公司为华为的客户意识打动，还让对方看到了华为的实力与专业，最终促成了合作。

这3个案例仅是体现华为千千万万个以客户为先的企业文化案例中的

极微小的一部分。从上述案例我们了解到认真分析客户需求、尽力提供完美解决方案、有效实施客户关系管理，对于促进企业与客户的高价值合作的重要意义。

在华为，客户管理和业务管理同处于优先地位，所有华为人必须坚决贯彻"服务和业务双领先原则"。为能最大限度地保证"以客户为中心"，华为建立了"三统一"的客户服务体系，即统一执行标准，统一服务受理，统一服务监控，该服务体系已成为华为维系客户关系的强纽带。

这条纽带连接的不只是华为与大客户，还连接华为与潜力客户及普通客户，也可统称为普通客户。虽然这两类客户相对于大客户对华为的利润贡献要小很多，但华为更看重的是利润贡献背后的东西。普通客户单个体量不够，但整体数量庞大，如果企业可以高效地收集他们的信息并加以分析利用，则有助于制定出更具有针对性的产品策略或服务策略，这就是普通客户具备的管理价值。

未来企业的竞争，就是客户服务能力和内部运行效率的竞争。因此，从售前到售后，从战略到执行，华为处处体现"以客户为中心"，客户为先的文化建设也始终是重中之重，是必须长期坚持贯彻的最基本原则。

### 1. 打造"客户至上"的运营管理能力

在上篇我们提到打造端到端客户体验的重要性。要洞察客户体验，实现口碑性忠诚和推荐，我们需要把战略进行有效的解码，落实在运营管理的流程和机制中。

管理运营有上、中、下三路（见图3-15）。

上三路是战略目标、流程与胜任力的匹配。在战略目标中，我们要参考公司战略来设立不同发展阶段的KPI全景图，通过业务分析计划（波士顿模型）（产品+客户关系分析），参考行业平均增长和竞争对手，趋势制定年度目标。目的是通过增加差异性优势来达成增长和客户满意度指标。

战略目标将被解码成核心运营管理流程和员工胜任力来落地实施。

在核心运营流程中的三个核心抓手是：销售需求的管理、解决方案的管理和销售或解决方案供应匹配的 24 个月滚动管理，并以财务形式展现管理机会和风险。这是运营管理的中二路。

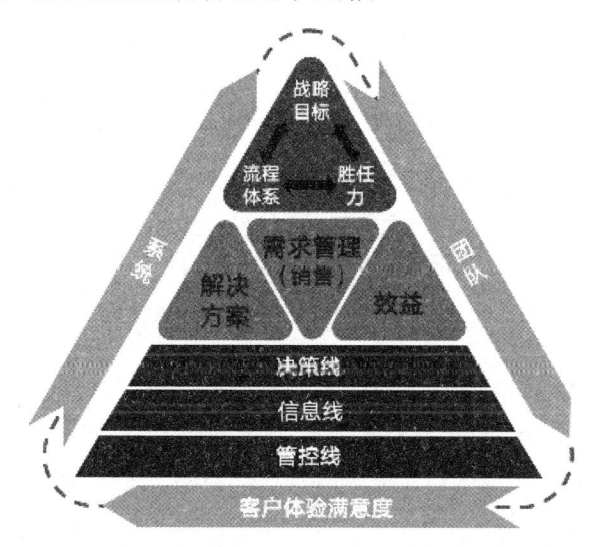

**图3-15　运营管理的上、中、下三路**

销售需求管理强调的是销售漏斗管理，管理中注重转换率和信心指数，通过不同部门的解决方案提升转换率和信心指数，从而实现有效的销售需求预测与满足率。同时就大客户做好大客户管理计划，确保销售与内部供应的有效匹配，实现销量和利润达标。过程中强调管理方式的统一性，如运用铁三角支撑结构、钻石模型等来实现解决方案的落地。

而解决方案取决于不同的行业和公司，包括产品、技术研发和服务、运输、生产等环节，我们强调解决方案的差异性优势，以及与销售需求的匹配度。

胜任力我们在第一节中介绍了，这里需要强调的是设计能够执行战略的核心人员能力模型和能力评估体系。通过"70-20-10"能力提升计划来实现战略执行，同时强调团队能力和流程协同。

而运营管理的下三路，就是日常的会议线、报表线，以及自查标准动作。日常会议是按顺序进行的，这里尤其强调的是滚动式的 24 个月效益管理计划。其具体流程如下：

销售需求是在每个月的第 5 天，由销售人员按照市场需求来预测未来 24 个月的需求计划；

第 9 天，市场部、技术部来组织解决方案的输入，确认销售需求是否有促销和新产品支撑来实现；

第 12 天，储运部开展供应计划的讨论，并且反馈给销售部和市场部，如新产品供应是否可以实现以及材料的价格变动趋势等；

第 14 天，如果有大的差距，需要及时组织核心部门的协同会议来填缺补漏，确保计划的达成；

第 17 天，经过协同后的计划将交给财务，由财务负责从销量转换成金钱。从业绩的视角分析与年度战略计划的差距，在管理层会议上提出建议，调整资源加大目标实现的概率，并识别风险，把握控制风险的举措及时准备。

会议的重点是针对机会和风险来做决策，而不是共享信息。因此，所有信息必须在会议举行后的 48 小时内充分共享。过程中大家用同一个报表，统一管理语言，确保会议的有效性和连续性。

运营是一个把战略落地的核心关键活动。只有有效地把运营落实，管控好流程和机制，组织能力才能扎实地建立起来。

### 2. 打造"客户至上"的文化

什么是真正的客户优先？

以前，企业的经营战略是以产品为先；而现在，最强壁垒是建立生态战略。因此企业需要生态链上的所有伙伴以客户为导向来统一语言，统一行动。具体到"合作伙伴—供应商关系"，意味着如今优秀的供应商会更注意聆听合作伙伴的需求，更注重从他们那里获取对不同客户、不同行业的洞察。

Hitachi Vantara公司非常重视合作伙伴和客户的信息反馈。例如其中一类反馈是由合作伙伴提供，客户普遍反映存储配置、数据保护服务设立等任务会消耗IT员工近半数工作时间，他们希望找到一种能对IT基础架构资源进行更高效自动化管理的解决方案。

鉴于此反馈，该公司以开发出"人工智能运营软件"（Hitachi Automation Director，HAD）——一款将分析软件和第三方IT服务管理工具集成在一起的高效API——作为再反馈。系统集成商可以根据对终端客户需求的了解，利用此引擎构建自己的工作流程来实现客户的业务目标。

这种新型的供应商、合作伙伴和客户的"共创"（Co-Creation）合作方式为各方合作创造了价值，而带入了多方视角的共创将为制订新的解决方案建立竞争优势。

国外的Hitachi Vantara公司在认真实践客户优先，但仍有局限性。下面看看京东集团全面升级的"T形文化"，其中最重要的一项就是客户优先。

随着消费和产业升级，服务链条在不断增加，传统的客户定义已被打破，客户不仅包括消费者，还包括企业内部客户、供应链合作伙伴（品牌商、供应商等）以及企业生态系统中的其他所有合作伙伴。

京东的服务客户群也从一开始的由订单链接的消费者、供应商，跨增到如今的收货人、快递员、承运商、企业大客户、政府部门等，以及保证这个流程顺利实现的京东内部各部门。总体而言，京东的客户可以分为内部与外部两大类。

对于服务内部客户，京东公共事务部负责人易文杰这样说："我们将每个跨部门协作的部门同事都当作我们的客户，树立服务意识，建立信任，了解需求，在力所能及之处积极协助各部门开展工作。将心比心，如果所有内部部门用对外部客户的心态来对待内部跨部门协作问题，相信很多问题会变得更简单。"

易文杰这段话是出于对现实的反映，在京东升级"T形文化"前，内部问题常有扯皮推诿现象。比如某客户申请退洗衣机，对接的员工接到客服的退货工单后，要求大件配送部门上门取件，但大件配送部门以没有鉴定单为由让客服联系安装部门解决。二级部门的问题往往需要上下游部门沟通协同解决，不能将其他部门视作"找麻烦的"，而是当成客户对待，建立内外部联动机制，减少沟通次数、环节、时间，依照客户为先的规则服务内部客户，积极解决链条上的问题。

外部服务最多面对的是京东的商家，而商家因为销售环节的特殊性，总有各种状况反映到京东平台上，需要平台帮助解决。比如，商家客户的异常订单处理，曾因为流程节点设置多而导致解决滞后。为逆转商家体验差的状况，京东采取"融合大件运营与商服大件客管团队"措施，拉直商家异常订单的查询与客诉路径，并以"1-1-100"为解决目标。商服大件客管团队在接到商家异常问题时，直接对应各级仓储，进行查询对话，目标是1小时内以1次频率百分之百解决该问题。砍掉中间环节，直接定责处理，反应时间和客诉处理效率极大提高。

在京东的外部客户中，政府客户是比较特殊的一类，该如何体现客户优先呢？不难发现，政府客户对企业的期待集中在诚信经营和主动配合上。而且，政府客户带给企业的成效往往不能马上看到，更多体现在品牌宣传、政府官方背书等潜在影响方面。因此，与政府客户搭建关系要立足长远，关注长期的、隐性的价值。

上述是从京东的内部、外部着手，分析怎样做才是真正的客户优先。坚守客户优先决定了京东事业的高度，践行客户优先决定了京东事业的厚度。就像刘强东在2013年的京东商城培训大会上所说："京东员工都应具有'店小二的态度'，店小二姿态放得很低，店小二就是为卖家（客户）服务的。"

由于企业所处领域和自身特性不同，因此建立客户优先的模式需要符合企业的独特设计。但是，仍能总结出要点可供企业参考：其一，客户优先作为企业一切工作的价值准则，做到对内、对外都保持一致的服务水准；其二，以客户体验为首位，简捷优化服务流程，拒绝无效沟通；其三，建立购后管理意识，即客户服务的体现，以客户满意引来客户圈外的潜在客户，形成良性生态圈；其四，和客户缔结伙伴关系，携手共建长期的、共生共赢的合作；其五，一切有利于客户优先的改变都应积极推动改善。

## 第三节　打造全面创新力

在最近几年的咨询中，发现很多企业都缺少系统性的创新管理能力，许多甚至连基本的创新管理流程都没有，令创意无法真正有效地形成产品，更无法落地、复盘、优化。那么，创新的组织能力应该包括哪几个管理模块，从而形成系统呢？

**1. 创新的核心管理三角**

创新的核心管理三角是：创新战略与领导力、创新组织、创新制度和文化。这里我们简要地介绍一下。

第一，创新战略与领导力是互动关系。大多数时候我们是从战略出发，看我们是做同样的事情做得更好，还是做同样的事情用不同的方式来做更好？抑或是做不同的事情更好？在每个维度里都有创新的机会点。也许有时候是完全用创新战略来引领公司战略或者业务战略。比如特斯拉（Tesla）完全是新的创新产品，战略就是一个全新的产品＋全新的销售渠道与方式＋全新的生产制作流程与工艺，彻底地用创新战略来引领企业的战略。

第二，创新领导力。创新的过程需要与我们的惯性思维做斗争，与我们的习惯行为做斗争，最终突破舒适区，达到新的进步。很多时候还需要我们有两极思维，比如，既要满足企业安全管理的规范，同时还要创出新的流程以加速生产周期。因为团队里个体的创新风格不同，有人喜欢出主意但不擅长落地，有人因急着要落地而不喜欢太多太狂的主意，这时就需要领导者有对人的洞察能力、沟通能力和影响力来管理团队进而形成高匹配度，以共同的愿景有效率地实现创新目标。这是核心的创新领导力。

第三，创新的组织。这里想强调，内部创新的最大困难是令创新者走入窘境，因为核心业务的管理和KPI会干扰创新业务的生成。因此，创新常常要体外孵化才更容易实现，用匹配的决策机制和激励措施加以辅助。

创新同时需要文化与制度保障。创新的过程是管理模糊地带的过程，在效率与模糊之间如何建立一个灰色地带？如何容错？如何衡量短期和长期的产出？如何给予员工时间和空间来加强创意？我们是强执行、强绩效的由上至下的文化，还是以员工的自我发挥为导向的由下至上的自由文化？这些都需要我们从激发创意、鼓励创新、包容并宽容错误的角度来设计制度，最终沉淀出潜意识的管理语言和行为。

### 2. 创新的核心

创新的核心：创新内部管理流程、创新管理要素和创新的评估体系。

如何管理创新？趋势是怎样？创意从哪里来？哪些创意可以进入开发？开发到什么地步可以进行评估来进一步落实未来宣传推广的计划？落地后如何评估近几年的业绩？这些都需要我们使用"阶段—审核"（stagegate）的流程来进行管理。该流程的核心有两个：第一个是阶段（stage），在什么阶段，由哪个部门负责什么；第二个是批准（gate），每个阶段（stage）后面都有一个审核（gate-keeping）会议，来确保阶段性的成果得到有效评估。而且，任何资源的问题都可以在这个会议上得到决策支撑。

该流程通常需要一个项目经理和核心决策人来协调整个过程，以确保会议的有效性，并了解整个创新过程的漏洞，此外还要清楚未来可以贡献的毛利是否能支撑战略目标。因此，流程经理不仅是运作性的工作协调者，更是战略层面的数据洞察者与把控者，负责把核心内容与洞察要点及时与决策人沟通，制定出合适的机制来引导创新流程，并保障有效决策。

会议中审核的核心是依据战略方向、品牌策略、产品的生命周期管理等核心要素，同时兼成本和组织能力的考量。

### 3. 生态的创新

生态的创新包括外部的生态创新合作。开发式系统的建立、创业与投资管理等。

首先通常的外部创新合作者有客户、供应商等，而用户常常是最核心的人群，他们的意见与反馈、供应商的积极参与，往往是最有效创新生态的来源。其次是高校和科研机构，他们在基础研发方面通常会起到很好的支撑作用。再次是外部的各类创投小公司。最后是政府和协会。他们各自扮演不同的角色，成为企业外部创新的源泉和补充。

以前，我们并不能创立整体创新的系统，很多企业着重于第二步，而缺少核心的第一步，或者没有把第一步完整地建立起来，只是零散地有所涉及。但是，这个全景图就会给你一个高空视角，帮助你逐步地建立并完善创新系统。它可以有效地帮助你了解目前国内的创新需求，以及不同级别的人不同体量的企业的关注点。

## 第四节 打造人才"数商"

现在，企业的数字化转型囊括了产品与服务数字化，商业模式数字化及职能数字化（包括营销、运营、供应链等）远超 IT 范畴，扩展到了整个企业。

三星旗下的独立研发机构 STAR Labs 明确了数字化转型中的 8 个关键挑战，包括人才、扩张、领导力、整合协调等问题。由于其中的多种因素往往是相互交织的，想要顺利转型就一定要重新设计企业的组织架构。对很多传统企业，尤其是多品类、多品牌、多渠道的企业来说，要改变其原本的阶梯状的组织架构必定是复杂且困难重重的。

在企业不可能完全放弃传统业务、全盘投向数字业务的情况下，分步系统地进行组织架构转型是很有必要的。可以参考宝洁公司向数字化转型过程中的经验，具体如图 3-16 所示。

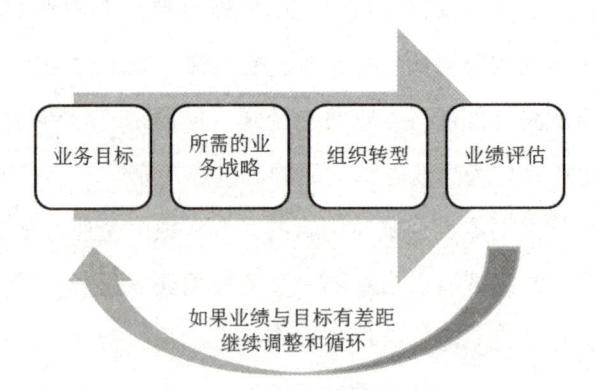

业务目标 → 所需的业务战略 → 组织转型 → 业绩评估

如果业绩与目标有差距继续调整和循环

图3-16 宝洁组织转型四步

宝洁主张进行组织转型必须考虑四个方面，分别是数商、专注的投入、为组织赋能、与消费者需求所契合的文化。将这四点总结一下，即为

"4D 模型"。

数字化组织转型的要点在于:

第一个是"数商",关键在于领导层。如何能让领导层拥有数字化的能力?要先转变领导者个人的思路,再通过领导团队配对逆向导师,让领导者更深刻地理解现在最需要什么,以帮助领导决策。

第二个是"专注的投入",就是有对数字化能力的投入。企业内部整体数字化能力来源于培训,而数字化培训能否作到面向所有人,特别是负责数字化业务的人,以及面向多种渠道,如向各种平台学习数字化的能力。观念必须转变,企业管理者要意识到对于数字化能力的投入是针对未来市场的。通过有针对性地培训数字化业务的参与者,以及定期对相关岗位进行数字化能力考核,来达成提升整体数字化水平的目的。

第三个是"为组织赋能",就是通过组织设计实现赋能的目标。组织设计的创新在于,既满足多品牌矩阵式管理,又能发挥个体重要性。涉及两项改革:一是去层级化。领导者学会通过大数据实时掌握进度,而将最接近客户的业务运营决策权交给最接近客户的一线人员。二是去中心化,又称自组织。通过组建小项目团队,实现服务前端消费者的目标。

第四个是"与消费者需求所契合的文化",就是坚持和创新企业文化。宝洁公司保持核心价值观不变,但具体做事方式要灵活多变,尤其强调借智慧,比如在数字化业务中鼓励速度,鼓励向其他企业学习,鼓励勇敢试错等,努力营造出和谐又不失严谨的企业文化氛围。

"自上而下"的数字化转型靠的是组织架构的转型,那么"自下而上"的转型就要依靠数字化的人才培养和管理。如同智商(IQ)、情商(EQ)一样,数商(DQ)也是人才急需培育的一个能力。那么如何构建"数商"呢?

(1)设立"首席数据官"(CDO)。

越来越多的企业将在未来设立首席数据官这一职位,CDO 作为企业高管团队的一员,专门负责协调企业在数据化转型中的问题。设立一位同时懂得业务和技术的 CDO 可以帮助企业跨越"战略"和"执行"之间的鸿沟,也可以提升企业内部技术人员的地位。

(2)提供数字化的环境。

数字化转型后的企业更加重视数据的价值,在决策行为中会"以数据为准"。因此企业应该提前准备,尽早让企业形成这样的气氛和环境,鼓励员工重视数字化和数字化创新。同时,企业也应该准备对数字化办公友好的现实环境:企业的数据库方便访问、检索吗?需要远程办公的员工能高效工作吗?

(3)重视人才培养。

在华为的《华为行业数字化转型方法论白皮书 2019》中,可以看到"数字化转型不仅需要新技术人才、业务创新人才,更需要能够将新技术与业务结合起来的跨领域人才"。人才培养和转型,是数字化转型中的任何一家企业都要注意的重点。

火花咨询的一个国际客户先是在两万人中挑选 100 人作为数字化的核心人才梯队,通过行动学习来培育他们的数商和数字化领导力,及客户洞察能力;然后再在 100 人中挑选其中的 20 人作为数字化转型先锋。

## 第五节　组织发展与组织变革交相辉映

### 1. 企业加速高效转型的 3 个关键点

对于想要进行数字化转型的企业管理者来说,组织架构转型的难度较大,执行较慢,在很大程度上甚至会拖延技术转型的发展。那么怎样加速这一过程，实现高效转型呢？企业经营者要记住以下三点。

第一，改变愿景。不是所有人都愿意无理由地支持企业变革。企业管理者需要主动推动变革，向员工明确变革的原因，以及他们在变革过程中起到的作用。了解到企业的伟大愿景之后，员工更愿意参与其中，主动创新。

第二，改变遗留平台。旧的信息平台、IT 系统网络等，都会阻碍数字化转型，有时也会影响到产品提供的价值。企业可以考虑在转型过程中使用临时的新数据库，但是从根本上解决、修复遗留的平台问题将使企业的业务流程变得更便捷，也能为下一次的创新浪潮做好准备。

第三，改变组织协作方式。许多企业都曾面临数字化转型的困境，其中绝大多数来自部门间的协作问题。解决这些组织问题需要经过反复沟通，建立清晰的激励机制，并在某些时候采取明确的措施对正朝着错误方向努力的人员进行教导。

过程中不仅涉及组织发展，也涉及组织变革。改变一个平台，带来的震动就是组织变革的过程。你可以把组织变革看成参加马拉松比赛，在压力下需要更加系统的加强型的锻炼，而组织发展就是你正常的锻炼学习及不断进步的过程。在压力不大的时候，你可以有序且缓慢地通过养成良好的饮食习惯来达到健康的目的。但在压力大的环境下，要达成一个大的转型目标，对关键人员的管理与沟通能力等就有了更高的要求。由于组织发展是个长期的职能，所以通常组织发展有常设独立的部门，而组织变革是短期的需求，由短期的项目团队来管理实施。

### 2. 从库尔特·勒温三阶段理论到科特变革八部曲

组织变革早期，库尔特·勒温于 1950 年提出了著名的"解冻→改变→再冻结"三阶段理论。他认为任何变化都要先让原有的体系解冻，使大家能够认识变革的必要性，接受变革，变革才会开始；而任何变革又会再固化成行为和标准，所以会有再冻结的过程。总之，组织变革就随着解冻与再解冻的循环而持续进行。

这个理论在过去的 60 年里一直被推崇，直到最近几年大家发现，外部的变化是如此之多，以至于几乎都没有再冻结，就已经又开始解冻了。VUCA 时代变革在寻找新的方法论：客户要求变化是常态，我们的组织能力也不再有冻结期。

心理学效应上都提到人们害怕变革。但由于过去十年的变化之多、之惊艳，使人们对于变革已经习以为常，不变化才是不正常的。又因为对曾经用作变革的理由有了免疫力，因此更需要强调变革的紧迫感，因为只有感受到压力才会主动求变。在强有力的变革领导团队的带领下，在变革愿景的明确指引下，通过有效沟通变革愿景，获得广泛的支持。然后正式启动变革方案，移除变革中的障碍，创造短期成效。这仅是赢得早期胜利，想要效果长久还必须进一步巩固，最终目的是将新方法融入企业文化。

不经意间，我们理出了科特变革八部曲——创造变革的紧迫感、组建变革领导团队、树立变革愿景、传递变革愿景、移除变革障碍、获得短期变革成效、巩固并推进变革成果、将变革制度化。

因为变化，科特的八部曲也和勒温的三阶段理论一样，面临被挑战甚至被掀翻的可能，因此不要拘泥于科特八部曲，而要与时代同步，创新适用于自己企业的变革步骤。具体采用哪些步骤，更改哪些步骤，要依据企业具体情况而定。

某企业为在激烈的市场竞争中抢得先机，决定提升营销岗位关键管理人才的核心能力，而销售经理的胜任水平直接影响到销售业绩和团队绩效，因此是此次人才发展项目实施路径上的重点对象。

变革的成功与否，首先取决于定位，其次才是实施方式。该企业在销售经理人才发展项目启动伊始，就明确定位为变革项目，而绝非是以往的培训项目。

在明确项目定位后，项目的实施方式也随即清晰：借鉴科特变革八部曲，根据企业实际情况设计具体措施。该企业采取的变革路径分为3个阶段：第一阶段是准备摸底。包括创造变革的紧迫感，组建能有效推进变革的团队，树立变革愿景，传递变革愿景。第二阶段是落地实施，包括授权员工行动，创造短期成效。第三阶段是巩固再创，包括巩固成果、触发更多变革。

具体到销售经理人才发展项目，让我们来看该企业的实践：

在项目初期，需要让团队了解我们的资源有限，在产品没有大幅度改变的情况下，必须通过更好的前端销售沟通与服务来产生差异性，而这些咨询式的服务恰恰是客户期待的增值点！如果不能做到这一点，那么忠实的客户也会逐渐感觉他们被绑架了。

同时，要获得销售总监的认可，邀请各个销售大区推荐最好的销售人员组成核心教练团队。我们带领核心教练团队讨论未来成功的前线销售应该是怎样的，他们的困难和痛点是什么，我们如何建立一支有咨询能力的团队，客户会怎样看待我们，等等。

我们把大家的讨论总结起来，形成一个愿景与故事，请教练们回到自己的大区向其他销售分享。同时邀请他们选择一个城市进行试点，在项目实施过程中持续且高质量地完成带教工作，多城市的试点对于本项目的实施效果起着十分关键的作用。我们将对教练带教工作进行持续跟进（给予现场反馈和指导，生成带教评估报告），请教练回顾近期带教情况（带教前的准备工作，学员的行为改变，对下属团队、经销商、业务结果带来的积极影响）。这些成果激励了其他销售，积极地给予支持与推广。同时，我们也在企业层面明确了教练与带教的规范和要求。

企业将人才发展项目的培养方式制度化，并由销售经理向整个营销体系的更多关键岗位推广。

最后，回顾企业人才发展项目的实施过程，如同一支火箭，紧迫感和愿景如同助推器，团队是驾驶员，引领组织变革驶向最高境界——把变革的思想、文化深植入新的组织发展阶段（见图3-17）。

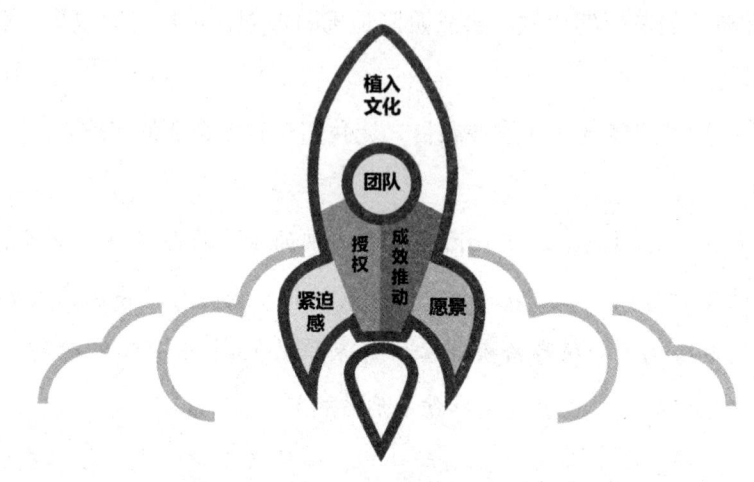

**图3-17** 某企业人才发展项目实施过程

# 第七章　在VUCA时代需要敏捷的组织结构建立快速市场反馈

### 本章要旨

第一，我们处在VUCA时代，这个时代的特征就是：脆弱，不确定，复杂和模糊。解决VUCA可以从可控和可预测两方面来梳理应对措施。

第二，面对不稳定的结构，最佳的组织是敏捷灵活性，对外界环境快速反馈，快速调整。因此，我们介绍了现代组织结构：敏捷组织、虚拟网络团队的特性，它们如何加强企业内的人才利用和效率，加强项目端到端的敏锐反馈，从而加强员工的感知能力、责任感和主人翁精神；如果要加强对外协作，可以借助数字化办公平台建立辫结式组织，从而在加强创新效率的同时还能控制成本。

第三，人类的发展过程就是敏捷发展的过程。

# 第一节 VUCA时代的四种特点以及应对措施

### 1. VUCA 时代的概念及特点

VUCA 的概念最早是美军在 20 世纪 90 年代用来描述冷战结束后的越发不稳定、不确定、复杂、模棱两可和多边的世界。VUCA 是指组织将处于"不稳定"（Volatile）、"不确定"（Uncertain）、"复杂"（Complex）和"模糊"（Ambiguous）的状态之中。"9·11"事件后，这一概念和首字母缩写"VUCA"常被商业领袖们用来描述"新常态"的、混乱的和快速变化的商业环境。

杨国安在其著作《变革的基因：移动互联时代的组织能力创新》一书中阐述道："VUCA 时代的经济背景是上一轮全球经济危机尚余波未了，期望中的经济复苏仍是雾里看花。国内方面，尽管增长速度已经下了一个台阶，但调结构、促转型还在路上，系统性金融风险也是若隐若现……科技更新的速度大大超出了以往任何一个时代，人工智能、大数据、区块链等正在颠覆旧的创新模式。"

在这个充满变数的时代，唯有变化是永恒，不确定性是客观规律，复杂和模糊是现实存在。变数是 VUCA 时代的核心，也是对后互联网时代商业世界特征的高度概括。在技术助推下，无论个人还是组织，彼此之间的联系越来越紧密，蝴蝶效应时刻在发生，不可控因素叠加出现。因此，企业或是个人灵活、敏捷的重要性更为突出，需随时作好准备进行自我颠覆。

那么，什么是 VUCA 时代呢？ VUCA 时代领导力发展的靶心在哪里？

在《世界是平的》一书中，托马斯·弗里德曼指出："如今世界改变的速度已与过往不同，每当文明经历一个颠覆性的技术革命，都给这个世界带来了深刻的变化。"

是的，技术和经济的发展在 PEST［政治（Politics）、经济（Economy）、社会（Society）、技术（Technology）］里已经成为推动商业进步的主要动力，过去数年很多遭受失败的企业，尤其是那些曾经的行业领先者的丧钟已成为其他企业的警钟：他们面对着无法回避也无法预测的挑战，迫切需要适应这些挑战的领导力、灵活性和想象力。尽管很多时候他们都意识到这些问题，也精明地在做着各种策划，但不幸的是变化的速度超过了他们的变革速度。

以色列的国际组织领导力专家、N.E.W.S. 创始人阿维德·戈兹（Aviad Goz）在一个研讨会上曾指出，VUCA 时代的变化经常呈现跳跃性和震荡性，会产生很多破坏性的现象，比如信息爆炸、突发事件频繁、资源紧缺、员工投入度低等，给组织带来更多的管控风险，很多组织因不能及时调整方向、无法及时适应新的环境而迷失，直至最终消失。

变化的速度难敌时代的脚步，从迷失到消失，说到底是由于企业没有做到应对 VUCA 时代的四种状态。

V 即 Volatility，意思是易变性，特指变化的本质和动力，也是由变化驱使和催化产生的。特点是挑战本身与维持的时长是未知并且不稳定的，但是并非难以理解。相关信息通常是现成的。比如，一场自然灾害使得供应链脱节，继而导致产品价格波动。

U 即 Uncertainty，意思是不确定性，特指缺少预见性，缺乏对意外的预期和对事情的理解及认识。特点是尽管缺乏额外信息，事件的基本因果关系已知，具备变革的可能性，但不一定成功。比如，竞争者的新产品发布悬而未决，业务与市场的未来不够明朗。

C 即 Complexity，意思是复杂性，特指企业为各种力量、各种因素、各种事情所困扰。特点是这种情况包括许多相互联通的变量，有些信息是现成的或能预测到，但想清晰地梳理其复杂程度与本质并非易事。比如，企业的生意遍布多个国家，每个国家的监管环境千差万别，关税体系以及文化价值观也各不相同。

A 即 Ambiguity，意思是模糊性，特指对现实的模糊，是误解的根源，各种条件和因果关系混杂。特点是因果关系往往是不清晰的，没有先例可供参考，你面对的是"不确定中的不确定"。比如，决定将业务拓展到未成熟的市场或新兴市场，或在主营业务范围之外开发新产品。

VUCA 应对时下的商业、军事、教育、政府等各种机构，VUCA 提供了一种实用的意识和方法。VUCA 背后是为人们建立了一个预期、演化、准备以及干预的学习模式。面对 VUCA，每个人和组织的能力可以用以下几个标准给出：对洞察力的知识储备；对各种结果时刻准备；过程管理和资源系统；有效的影响力模型的建立。

### 2. 针对 VUCA 时代四种特点的应对措施

怎样才能对 VUCA 有更清晰的能力来应对？

麦肯锡多年前曾针对 V、U、C、A 四种象限利用两个维度（你知道目前的市场情况吗？未来是可以预测的吗？）做了诠释。麦肯锡研究了 VUCA 中每个元素的深层含义并制订了应对方法，从而提高了 VUCA 的预见性和洞察力的战略意义，以及提高了组织和个人在企业中的行动力。

针对 VUCA 的四种象限表现的四种特点，应分别从"你可预测的"和"你知道的"两个方面出发采取应对措施（见图 3-18）。

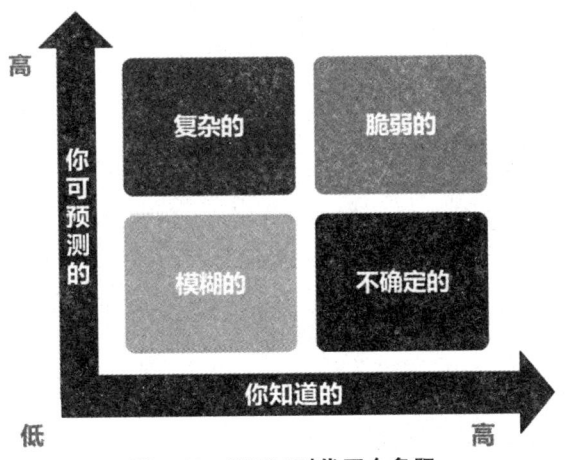

图3-18 VUCA时代四个象限

脆弱（Vulnerability）：考虑到企业了解市场的状况也可以预测市场的走向，因此采取的策略是管理需求或者供应的脆弱性，平衡好供求的关系。做法：勤于闲时，将资源投入到预备力上，例如保持库存和储备人才。这些措施通常意味着大额的花销，但是投资应与风险程度匹配。

模糊（Ambiguity）：和脆弱相反的是企业不知道市场的状况，也无法预测未来的走势。那么企业可以做一些试验，耐心地看市场的正负反馈，再给予调整。做法：试验。理解因果关系需要不断提出假设，确保企业能够从中得到教训，并将成果广泛应用到实际中。

复杂（Complex）：企业不知道市场的情况，但如果不行动大势是可以预测的，那么企业就邀请专家一起来做方案。做法：重组、聘用或培养专业人士，积累重组资源，应对复杂性。

不稳定（Uncertain）：企业知道目前的市场，但不可以预测，那么就多几个备案来加大成功的可能性。做法：将资金投入信息的搜集、分析，并分享所得。这一做法与组织结构变革相结合时效果最佳，例如用信息扩大分析网络，降低不确定性。

不管是哪种情况，对于企业来说，内在的差异性竞争力和外在的生态竞争优势都需着重建立。考虑到大多数的行业模型是清晰的，跨界的模型也是可控或可预测的，那么强调企业的内在差异性竞争优势就非常重要了。

结合企业对未来市场的探索，了解政治、经济、科学、技术（PEST）和人口变化带来的驱动力；了解外部市场的变化；把握企业的核心根本价值。洞察对 VUCA 时代的管理手段，就能很好地应对未来可能的变化。

应对 VUCA 的重要能力，之前提到了自适应能力。自适应能力就是快速感知市场，并形成敏捷作战的能力。这里我们介绍三种特殊的组织结构来帮助大家了解如何在传统的层级式组织结构的基础上有效地进行变身，加强自身大组织中局部的灵活性。

## 第二节　用敏捷组织激发人的动力和项目价值定位

### 1. VUCA 时代的不同状态

"敏捷"的含义来源于软件开发。传统的软件开发采用的是"瀑布式开发"的流程，把整个开发过程分成了收集需求、定义、设计、编码、测试、发布等阶段，每个阶段设定明确的目标和标准，达成后再进入下一个阶段，整个过程沿着可预测性逐步增加的方向前进，可以避免资源的无效投入，并有效地保证开发质量。但问题在于瀑布式开发这种预定义过程的方法是串联的，每个阶段之间都有强烈的依赖关系，前一个阶段的输入质量、时间都对后面有影响。而且项目早期即作出承诺导致对后期需求的变化难以调整，代价高昂。

市场需求瞬息万变，产品需求也常在开发之后发生改变，技术的发展日新月异也让所定义功能的可实现性面临着多重不确定性的因素。串联式的需求收集和产品定义工作常常无法得到很好的完成。有数据显示，有70%采用瀑布式开发方法的软件开发项目最终以失败告终。

如何避免失败？企业都在积极探索新的道路。日本丰田在20世纪80年代提出的精益思想启发了软件专家们，他们借用精益的核心原则——尊重人和持续改进，进一步改进软件的开发流程和方式。

2001年，一群软件专家为了加快软件开发的流程和方式写下了《敏捷宣言》，这个简单明了的文件奠定了敏捷基础的一些信念和价值观（见图3-19）。

核心是以人（内容中的软件开发工程师与客户）为本，注重人与人之间的沟通与交流，响应随时发生的变化，注重软件的质量与需求，而不是以协议合同为本。宣言的最后一句话提到"尽管右项有其价值，但我们更重视左项的价值"，即一切从客户出发，一切从变化出发，一切从成果出发，一切从价值出发。

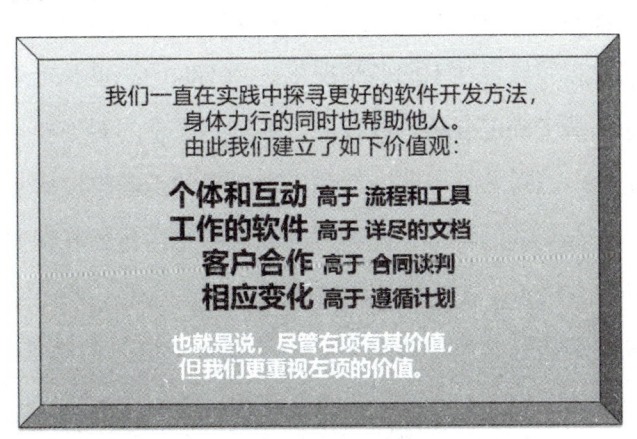

> 我们一直在实践中探寻更好的软件开发方法，
> 身体力行的同时也帮助他人。
> 由此我们建立了如下价值观：
>
> **个体和互动** 高于 流程和工具
> **工作的软件** 高于 详尽的文档
> **客户合作** 高于 合同谈判
> **相应变化** 高于 遵循计划
>
> 也就是说，尽管右项有其价值，
> 但我们更重视左项的价值。

图3-19 《敏捷宣言》的信念和价值观

这种敏捷精神从软件行业拓展到了与软件相关的数字行业，如IT服务、互联网、数字化广告、数字化营销等行业。随着互联网的应用，在国内不断引起企业注意，从传统的软件公司延展到了各大金融机构及高科技公司等。

随着敏捷工作方式所带来的敏捷、扁平和小组式的组织架构,敏捷的领导力也随之兴起。从个人、小团队敏捷,到跨团队级敏捷,再到组织级敏捷,中国的企业正在逐步推动这种新型的工作方式与理念。

敏捷的工作核心是软件的或交付设计的快速迭代;管理核心是以人为本。这里我们强调的是其管理理念的拓展与应用,至于工作核心要视不同的行业属性来调整。

上面提到VUCA的不同状态可以通过不同的方式来解决。在此,我们将从敏捷的管理视角来进一步演绎为什么敏捷是企业适应未来VUCA市场的最佳模型。

### 2. 敏捷匹配VUCA时代的三大特征

敏捷有三大特征匹配VUCA时代。

第一,以"复杂系统"为背景。

Ralph Stacey(拉尔夫·斯达西)在2011年开发了Stacey矩阵模型,以帮助管理者和领导者在不同的情况下选择不同的决策和管理方法。该模型是二维的,基于确定度和一致程度,横轴是需求的明确性;纵轴是工程实现的确定性。当需求的不明确性和工程实现的不确定性均超出一定范围时,呈现出复杂系统的特征,瀑布式开发这种结构化的开发方法便不再实用,敏捷开发方法正是在这样的背景下诞生的(见图3-20)。

横、纵轴是指什么?"敏捷"是以"复杂系统"为背景的非确定性、非结构化的主体。VUCA世界强调的也是无论科学技术如何进步,依然还存在非常多的不可理解或不可预测的事物(complex)。这种不可理解性和不可预测性并没有远超出人的认知潜能的范围,没有达到彻底混乱的地步;同时,通过过程中不断地反馈和学习,也可以逐渐消除未知和不确定性。因此,对于这样的复杂系统,运用敏捷方法可以更好地获得对系统的理解和预测。

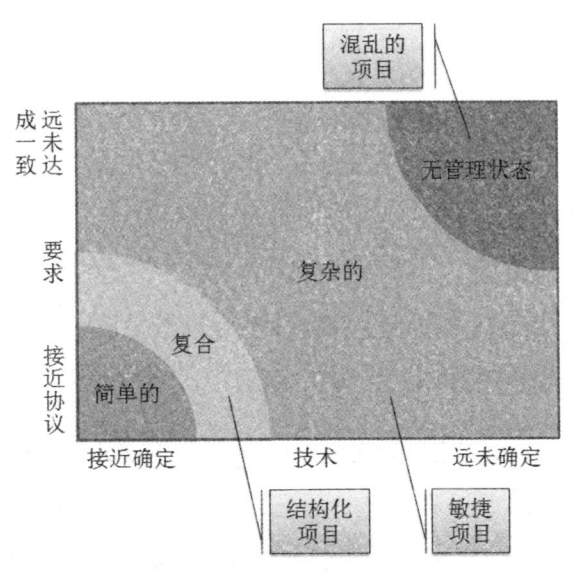

图3-20 建立敏捷的复杂背景（图来源：Stacy Model）

第二，以人为核心驱动。

为什么要以人为核心，而不是以技术或者资本为核心？因为人是过程的创造者及最终的使用者。任何事物的产生发展都是从个人（心、脑、体）逐步拓展并影响到他人，乃至其他家庭、团队；而家庭和团队就是最小的社会团体；最后到社会、自然、生态。

在运用"敏捷"方法时，"人"都是认知和运转"复杂系统"过程中的核心驱动力。挖掘人的潜力，以人为本是敏捷的核心。

在《管理3.0》一书中，作者朱尔根·阿佩洛（Jurgen Appelo）提到运用"敏捷"方法的人应该具备的六种管理思维模式：有效激励（Energize People）、赋能团队（Empower Teams）、调和约束（Align Constraints）、发展能力（Develop Competence）、结构成长（Grow Structure）和全面改善（Improve Everything）。

第三，具有适应能力的经验性过程控制。

在"复杂系统"的背景之下，"瀑布式开发"所代表的预定义过程控制已不再适合,以人为核心驱动的经验性过程控制将具有更高的适应性和灵活性,同时也能充分发挥"人"的潜能和价值。"敏捷"实际上是一种经验性的过程控制方法,即为了达成目的,实施一定的过程控制,提升达成目标的概率。

人类在进化过程以及认知、改造世界的过程中始终都面临着各种"未知"和"不确定",所以人类的历史天然地就是一个"敏捷"管理的过程。

## 第三节　用虚拟组织解决知识管理和重大决策

有些外企,如 BP,以网络团队推动知识管理和全球重大决策。BP 的市场部会按品类建立各自的网络小组,分别来自于各个不同的国家,共同就这个品类作出全球的管理决策,并推动最佳实践的分享。这种网络团队是虚拟组织中的一种。

### 1. 什么是虚拟组织

所谓虚拟组织就是在不同地域、空间的个人,通过电话、网络、传真或各种网络电话视频来沟通、协调,甚至共同讨论、交换文档,便可以分工完成一份工作。虚拟团队通常是跨组织、跨时间、跨地区共同工作,过去通常为跨国企业使用,但从 2020 年开始,一场突如其来的疫情打破了常规性认知。由于受区域性隔离的影响,一些从来都是线下交付的面对面的工作都被迫转到了线上。不论大小企业,都被迫实施虚拟团队工作制。虚拟团队的成员构成有三种情况:同一个组织、多个组织、无组织。

虚拟团队通常存在 5 个方面的特征:其一,团队成员因为共同目标而会聚。其二,组织的会聚、召集、替换、解体都很方便(遵守组织规定)。其三,团队成员的地理位置呈离散型。其四,团队成员之间基本采用电子沟通方式。其五,虚拟组织的边界属宽泛型,甚至是无界型。

### 2. 虚拟组织的类型

同一些组织类型一样,虚拟团队也分为多种子类型,通常可按照"长短期与是否固定"和"边界清晰模糊状况"两大维度划分(见图3-21)。

图3-21 虚拟组织的类型

第一类是网络式虚拟团队。团队或组织边界模糊,团队成员具有较高的流动性,但会很快纳入符合条件的新成员。

第二类是项目式虚拟团队,可以分为四种三级子类:一是产品开发团队。团队或组织界线明确,团队成员具有一定的流动性和集体决策权,共同去完成长期性、非常规性任务。二是单项工作团队。团队或组织界线明确,团队成员基本不流动,有助于完成常规的、单一功能的任务,成员间通过组织内部网相互沟通、共享信息、共同执行。上面提到的BP的网络团队就是满足了这种特征,为驱动跨国的最佳实践和引领某些品类的营销方案而发挥积极的策划与协同作用。三是技术/客服团队。团队或组织边界明确,团队成员流动性较差,由提供网络维护、技术支持的跨地域的技术专家组成(根据完成的任务不同可随时调配),根据不同地区的时差轮流工作。

第三类是管理式虚拟团队。团队几乎无边界，团队成员的流动性偏弱，由跨国公司的高层以管理人员组成（想进入某个管理者团队除了要满足职位要求，还要与团队价值观和基本理念匹配），利用网络信息技术协同工作以指导公司目标的实现。

第四类是并行式虚拟团队，可以分为两种三级子类：一是临时任务团队。团队或组织边界明确，团队成员流动性不高，属于短期型临时组织，目的是为改善某一过程或系统来设计方案，任务完成时自动解散。二是行动团队或突击队。团队或组织边界明确，团队成员流动性较强，为应对紧急情况和突发事件提供能够快速反应的人才。

### 3. 虚拟团队的优势

利用便捷低廉的网络通信系统，缩短了世界各地间的距离，发挥了人才协作优势，使得高端零散用工的人才在照顾家庭或跨地域合作方面有了更多选择，这让组织可以动态地集聚和利用世界各地的人才资源，为获得通常很难招聘到的具有专业技能的人才创造了条件，同时也减少了关键人才的流失。

虚拟团队成员来源区域广泛，能够充分获取世界各地的技术、知识、产品信息资源和用户的洞察分享，这为保持产品的先进性、推动最佳实践和知识管理奠定了基础。而这种信息的优势又会形成竞争优势，网络内良好的知识采集、筛选、整理、分析工具和机制，使众多不同渠道的零散知识可以迅速整合为系统的集体智慧，转化为竞争优势。

虚拟团队可以利用最新的科学技术（网络、邮件、移动电话、可视电话会议等）实现基本的沟通，同时进行共享文件等新型文件管理，加强团队成员之间信息共享，减少沟通成本，加快决策。有了效率优势就有了成本优势，虚拟团队可以大量利用外部人力资源条件，从而减轻组织内部人工成本压力和工作进度压力。在此基础上,组织可以大力精简机构,重新设计组织构架,使人员朝有利于组织发展及组织结构扁平化的方向流动,从而降低管理成本。

## 第四节　用辫结式组织和数字化平台解决对内对外的创新

敏捷组织和虚拟团队都是在一个系统内加强企业内部的项目效率和对市场的快速反馈。如果需要杠杆外部资源,那么就需要用到辫结网的概念了。辫结网的概念由哥伦比亚大学的比尔·帕斯莫尔(Bill Passmore)博士提出,他同时也是创新领导力中心(Centerfor Creative Leadership,CCL)的高级副总裁。

### 1. 以辫结形式看待组织

新的数字技术正在改变组织的设计和工作方式,有些公司发现,可以通过与外部建立生态合作的关系,并用数字化平台加速创新,加强跨境合作,使更大的承诺和创造力成为可能。这种全新的数字化协作方式没有停留在组织边界的边缘,而是在空间和时间上进行了扩展。

这些组织的新方法就被称为"辫结",即由具有不同能力的贡献者组成的相互交织的网络,通常由软件平台支持,不受正式层次结构的控制或管理;每个人贡献不同的才能,共同根据组织的使命和战略,利用新创的共事方式实现共同的目标。

如果以辫结形式看待组织,那么优秀的组织必须完成各种数字化转型挑战。下面以法国达索系统公司为例作具体介绍。

2004年竣工的锦屏大坝是一项复杂水力发电设施的主要组成部分，也是有史以来最高的混凝土拱坝（305米）。大坝的建筑地点在中国西南一段深邃险峻的峡谷中，虽然水利资源丰富，但如何操作仍是巨大的难题。因此，这项浩大的工程从提出设想到开始建造耗时近20年。达索系统公司的加入，让大坝从设想阶段走入施工阶段。

达索系统亚太地区及全球直销渠道执行副总裁罗熙文说，做任何挑战性的事情都会遇到困难，关键不在于遇到的困难是怎样的，而在于通过这个困难最后能够获得的科技创新和实际突破。想要达成科技创新和实际突破，系统地、高效地、演进式地利用知识是最直接和最有效的方式。更少依赖全职员工，共享决策权，组织因此能够促进创造性的自我更新，加速商业模式的变换。同时让客户参与进来，提升客户的影响力，让企业能够更加以客户为中心，更深入了解客户洞见，更积极响应客户诉求。

辫结组织是让不同的参与者相互交织，其中一定少不了客户，再结合客户至上的理念，聚焦客户成为辫结组织的特征。客户的参与程度有深有浅，只让客户参与设计、生产等前驱部分，是浅程度参与；让客户参与创新、学习、改进等后驱部分，才是深度参与。辫结就是要让结连接得更紧密，因此是深度参与。

在帮助客户创新之前先向客户学习，是达索最重要的行为模式之一。在锦屏大坝设计过程中，达索现有团队投入极大精力自学，并招募专业人士加入其中。期间由达索系统公司大中华区销售副总裁李智军带队，数十次拜访客户并与客户沟通交流，他们的目的是让对方的核心技术人员介入其中，并用自己的专业精神获取对方的信任。这样做的原因是引导对方说出行业内最深的痛点。掌握了这些才会少走弯路，更重要的是可以帮助检验和改进达索的软件，以实现最能契合实际的创新。

同时达索系统公司为 CHIDI（成勘院）提供了一款能够涵盖开发者、合作伙伴以及客户的项目协同管理软件（ENOVIA），涉及项目的节点管控、资源投入、战略采购、供应商协作、风险和产出监测。该软件基于最大限度地提升效率，导致客户公司原有的一些部门职能将发生变化（合并、消失、增设），平台化、共享化的技术手段将使公司管理变得更为透明。在现实中，不透明和部门墙是企业改革的最大阻力，达索提供的不仅是一个软件，也是一次客户公司管理制度变革的机会。

辫结网的核心是在一个生态系统中（不同于虚拟组织和敏捷组织，以内部成员为主）共享有磁性吸引力的目标和去中心化的领导力；互相赋能、授权、扁平化决策并操作；有简捷的流程和平台作支撑；有共识的辫结网的工作方式（见图3-22）。了解谁作决策，谁给建议，谁推荐，谁投票等，相互比较成熟的思考力与工作能力。

图3-22 辫结网组织特征

## 2.辫结式组织结构的改变和优势

与传统的、层次化的、机械的和有限的组织方式相比，辫结式的组织结构具有明显的改变和显著优势。

改变方面，其一，从绝对的由上至下到表象的由上至下＋实际的平行轮盘式。其二，从一言堂式指挥，到举手表决。其三，从组织金字塔结构到打破层级协同。其四，从高耸着部门墙到推倒部门墙的"圆桌协作"。

优势方面，其一，更强的可塑性，改进执行相互依赖任务的个人和团体之间的协调。其二，提升组织获取知识和能力，是实现突破性绩效水平的关键。其三，增加组织灵活性，强化知识处理，更直接地对最重要的技术和战略决策作出贡献。其四，赋予团队更大的动力，团队一起利用自身能力来创新和加速变革。

在过去，人的认识局限性限制了组织公司成长的方式。今天，没有理由允许组织结构图，因为它目前的"作用"是限制改进性能和创新的可能性。

# 下篇
# 洞察自我,把握未来

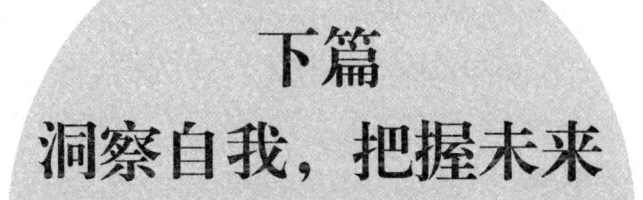

洞察：商业成功的秘诀

## 第八章　洞察自我：对商业环境的感知力是你的胜负手

### 本章要旨

第一，感知商业环境的改变和发展驱动力，因时制宜地调整发展战略，是每个领导者的关键职责和核心技能。本章我们从大脑建模的角度分析了环境感知到决策前后的过程，因此领导者应该要清楚，你感知到的不一定是团队感知到的，当你授权发令的时候，务必把你的感知分享给你团队的成员，这样他们更有背景信息（CONTEXT），能够更容易地做到与你同频。

第二，我们分析了成长性思维和好奇心的重要性，以及形成成长型思维至关重要的个人价值观维度的打造，同时还分享了不同人的感知能力风格。而这些思维方式和底层的价值观体系影响了我们对商业环境的感知能力。

第三，我们着重讲述了从环境感知到形成战略，以及感知环境与战略打造的闭环频率。

人才是数字化转型中的重要承载！所有的工作都是需要通过人来解决的。比如，设计愿景，制订以客户为中心的策略和解决方案；制订关键举措,包括数字中台、商业模式、业务流程、业务数据;组织、文化、激励等。同时实施变革管理,执行落地,闭环调整。

人们常常觉得组织发展和变革中最难的是如何制订战略,但事实上最难的是如何把握人性。数字化的转型需要我们重新定义信息的获取和分享、流程的重组再造、权力的再分配、商业模式的改变导致的生态伙伴的分工和利益分配等。这些都在考验着人性及人的价值观。这里既包括领导者自我的人性,高管和员工的人性,更包括客户和生态伙伴的人性。

洞察自我,先从企业领导者与环境的互动开始谈起。

洞察：商业成功的秘诀

# 第一节　从大脑的建模来看环境感知和决策前后的过程

Tony（托尼）是一个中型企业的总经理，他习惯了在接受各项业务后独立地做各项决策，然后再要求其管理层的相关人员去执行。Amy（艾米）是HR（人力资源）部门的负责人，当她刚执行到一半的时候，发现Tony的新决策又来了，而且新的决策和以前还有一些冲突。Amy带着疑惑作了修改。不到三个月，Tony又调整了，这样的事情从Amy来后已经反反复复很多次了。Amy很痛苦，终于有一次她忍不住给Tony写了封邮件表达了自己的困惑与不解、无奈与委屈，并表示拒绝接受新的决策。Tony很诧异，一向很支持自己的Amy到底是怎么了？

不能单从外在行为去分析Tony，而要从思维的载体——大脑的工作过程进行了解。如果你了解了一个人大脑工作的方式，就不会对Tony的行为表示诧异了，当然也包括Amy。

在我们深入洞察客户之前，首先要做的是感知内外部环境，把所有感知通过大脑进行信息收集，然后处理。大脑在获取信息后，要经过阈限空间过滤，过滤的过程只筛选个体感兴趣的事物（注意，仅仅是感兴趣的事物，不感兴趣的都大量过滤掉了）映射到大脑中。筛选的信息会被建模，再通过加工过滤网筛选个体熟悉的方法，最后分配能量进行加工创造，如图4-1所示。

认知源 → 阈限空间过滤网 → 感知建模 → 加工过滤网 → 加工创造 → 效能反馈

图4-1　大脑的工作过程（源自：CODEX创新心理学）

简单地描述这个过程就是：信息→过滤→建模→加工方法选择→加工。因此，当 Tony 感知到内外部环节时迅速做出了决定，这在大脑的过程就是他用自己的认知、价值观、经验进行建模和加工方法选择的过程。但他并没有把这些过程告诉他的团队（包括 Amy），而是直接把自己对信息加工后的答案即决策传达了下去，让下属去执行。而当环境发生改变或者 Tony 发现自己的认知需要调整时，他对曾经的环境再次感知到不同的信息，他的大脑迅速地在建模过滤，于是形成了新的决策。

一切对 Tony 来说都发生得很自然，也许在一次早晨散步或者晚上打坐的一瞬间就有了新的觉悟，他认为最快速地把决策告诉团队，以便大家跟得上他认知进步的节奏是重要的，但由于他没有把这个输入输出的过程一并告诉团队，就造成了团队一直很依赖于他的信息收集、建模、过滤与决策的过程。因此，团队把主要精力放在了获得决策后努力完美执行的状态里，他们的思维更多停留在执行者的位置，以执行者的身份来判断，而非以市场的感知来进行判断。

久而久之，Tony 与团队形成了两种不同的思维模型：

Tony 是成长型模型（Growth Mindset），他始终带着好奇心不断地去探索世界，在纵向领导力层面不断追寻自我的发展，并时时感知到外部的紧迫感。

Amy 和团队其他人逐渐形成了固定思维模型，成为 doer（实干的人），他们对内容执行层面精益求精，知道怎么把一个决策做好，而不去思考这个决策是怎么来的。同时，他们对外部没有链接，感受不到紧迫感，他们以领导者的压力为压力，当领导者变化过快，压力就会变大，他们的情绪化就会加重（像 Amy 那样）。但他们通常会很快地消化自己的情绪，以相信领导者或服从领导者的状态不断地进入到下一个财年。

员工是天生如此的吗？也许是，更多的不是……员工的行为是被"培养"出来的。如果领导者认为自己很操心，天天在感知在做痛苦艰难的决定，但却不改变自己授权与赋能的心态，希望员工和自己一样成为具有成长型思维的人，那么他是无法摆脱这种繁忙操心的状态的。而员工也无法真正地成为自己项目或部门的主人，他们会一直把自己放在从属者甚至受害者的位置。

是的！你的决策模型影响了他们的思维模型！世界是闭环的，在培育员工成长性思维方面，领导者人人有责。

## 第二节　感知环境成为领导者的核心技能

感知环境是洞察用户前的关键动作，它是如此重要，每一个高层决策者都应该把它当成自己重要的核心技能。

在获取信息的认知后，信息会进入阈限空间过滤网，被感知建模，然后进入加工方式的选择过滤网，才会进行进一步的加工创造。在这个过程中，内在因素与外在因素都会影响领导者的感知能力（见图4-2）。

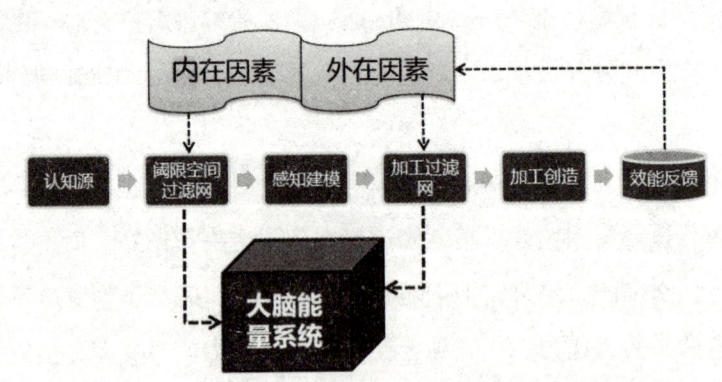

图4-2　内在因素与外在因素作用下的大脑能量系统
（源自：CODEX创新心理学）

内在因素：包括心理特征和心理倾向。个人心理特征包括能力、气质与性格。每个个体都有独特的心理特征，这个特征将直接影响个体认知活动时大脑能量的分配。个性心理倾向包括需要、动机、兴趣、信念、理想、价值观和世界观。

这些倾向是动态可变的，个人经历、学习、创新活动等都会让心理倾向发生变化。在第九章我们将着重分析影响领导者阈限空间的三个心理倾向：一是成长意愿与成长型思维；二是好奇心；三是高维的世界观与价值观。

外在因素：分析领导者如何建立良好的物理环境和人文环境，以帮助自己获取更好的能量来支撑大脑的思考力。

## 第三节　如何了解自己的感知能力风格

我们不去过多地阐述如何感知市场，事实上大多数工作了一定年限的人都知道如何从不同的渠道或人脉获得第一手信息与二手信息。因此，要更多地阐述怎么了解自己的信息感知能力风格，从而更好地从根源处把控自己。

任何自我感知都离不开环境的影响，个体的行为因为环境的差异而产生差异。但个体受环境影响的大小并不相同，通过威特金（H.Witkin）的实验就可以看出。

威特金事先建造一间小型的倾斜小屋，让志愿者坐在屋内一把可调整的椅子上，要求其将身体调正。实验结果表明，在确定自己身体位置时，人们有四种反应：一是一部分人以倾斜的小屋为主要参照，"坐正"身体，虽然感觉不舒服，但也不再怀疑。二是一部分人在以倾斜小屋为参照"坐直"身体后，感觉并不舒服。因为参照倾斜的小屋"坐正"，人体是有感觉的，但眼睛告诉志愿者：现在身体和小屋一样，就是直的。在有所怀疑后,还是相信了眼睛。三是并非所有人都相信眼睛,来自身体的直接感受会让一些人选择违背眼睛去调整身体。四是还有一类人,占比很少,他们在调整身体时,直接以自己身体的内部经验为主要参照,而忽视小屋,虽然后来发现自己与小屋并不协调,但仍然相信身体的感觉。

那些以小屋为参照的人和相信眼睛的人,是场依存型,对事物的感知倾向于把外部参照物作为信息加工的依据,难以摆脱外部环境的影响;那些违背眼睛和直接以身体为参照的人,是场独立型,对事物的感知倾向于利用内部经验参照作为信息加工的依据,不易受外来因素的影响和干扰。

你是场独立型还是场依存型?

作为领导者,重视环境因素固然重要,但不能对环境产生判断依赖,而应保持科学独立性。倾斜小屋实验中的第三种人更容易成为具有高效领导力的领导者,既考虑环境因素,也更重视实际情况。但强调个体的感知能力风格,不仅是为成为领导者作准备,在工作生活的各个方面也能应用。

学科兴趣方面,场独立型的人倾向于自然科学(自然科学成绩优异,社会科学成绩较差),场依存型的人喜欢社会科学(社会科学成绩优异,自然科学成绩较差)。

学习策略方面,场独立型的人的学习由内在动机支配,能够独立自觉学习;场依存型的人的学习由外在动机支配,易受暗示,因此学习欠主动。

新技术引入创新方面,场独立型的人更擅长技术改进、创新(如改进App或创新5G);场依存型的人则擅长用户体验、营销类创新。

以上阐述说明一点,我们每个人都有自己的认知局限与障碍,同时也都有感知环境获取信息的强区域与弱区域。如果我们的强区域与市场需要的关键优势是匹配的,就更容易获得有用的深入的洞察;如果不能,就需要知道如何借助他人或者团队的力量来感知。

## 第四节 从环境感知到战略和解决方案的闭环

在 VUCA 年代,战略要随环境的变化而提前变化,并对可理解与可预测形成的 4 个象限的不同状态用不同的方式进行提前布局。

从环境感知到形成战略,是一个系统工程,包括感知、洞察、共享、共识、协同、评估 6 个步骤,具体如图 4-3 所示。

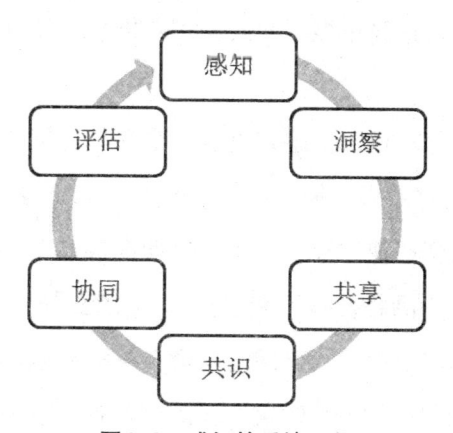

图 4-3 感知的系统工程

第一步:感知。对环境的全方位扫描。

第二步:洞察。形成趋势洞察、客户洞察、外部生态,并快速形成决策与优先次序。

第三步:共享。决策者(无论是管理高层,还是具体的部门负责人)必须做到信息共享,将洞察(input 和 insight)链接给各关键人,让大家了解背后的动机来源,用故事化的形式来激发大家的愿景,并且链接到自己的个人愿景,才能真正地调动大家的能量。

第四步：共识。领导者与其他人形成共识，对未来的设计方案共创。

第五步：协同。公司内共同协同内外部的边界，关键任务与指标，匹配以合适的组织能力，包括组织结构、绩效与激励制度。

第六步：评估。在实施变革后进行评估复盘，回顾个人能量与项目目标愿景的达成，寻找下一个创建竞争优势的机会点。

每一个人获得感知后，都或多或少想和他人分享，那些立即碰撞产生共鸣的，常常是同样也感知到或者同理到同样信息的人；而不能产生共鸣，除了兴趣点外，往往是不能理解你表述背后的感知细节，或者是你并没有把感知的背景说出来，只是说出了答案。因此，协同共识前面的不仅是共享或表述，还有洞察和感知。只有把环境感知（context）清晰说出来，把洞察理顺并表达简单扼要的人，才有机会去高效地协同他人，产生成果。

过去由于市场相对稳定，感知更多的是在如何提高产品差异性优势层面，战略规划也相对做得长期一些（3~5年）。在过去的二三十年，因为科技快速进步，很多职业逐渐消失了。比如电报收发、寻呼转接、电影放映、胶片冲洗等。产品替代在不断发生，但始终是行业内部的更新替代，就像电报收发被固定电话替代，固定电话又被移动电话替代一样。但在人工智能时代，替代者往往来自领域外，因为跨界竞争是最彻底的竞争。原本在行业内活得很滋润，一个跨界的进来，大手一挥"免费"，一切就都变了。

2016年的中国口香糖市场阳光灿烂，销售额达到113亿元，为历年销售顶峰。同样是2016年，微信的月活跃用户数达到8.89亿人，微信成了网民的"时间杀手"，也间接成了"杀死"口香糖的凶手。以前排队结账时因为无聊，顺手捎一包口香糖的情况几乎绝迹了，"低头族"已无心他顾；曾经聚餐后人均一片，边嚼边聊的情况也不见了，

"刷圈族"只顾闷头享受;因为凑整好找零钱而买一包口香糖的情况也没有了,微信支付元角分清晰可见。总之,之前消除紧张、消磨时间的好帮手——口香糖已经被动淡出人们的需求圈。

谁能想到,口香糖被完全不沾边的即时通信软件打败了。

与口香糖命运相似的,还有方便面,被外卖行业逼进了退潮期……

半路杀出的外行人,用无招胜有招剥夺了你生存的空间。

这个时代,行业的新陈代谢比以往哪个时代来得都快,如果从前企业是线性速度进行,如今就得指数速度突进。经常性感知外界的变化端倪,快一些,再快一些,将感知形成洞察→共享→共识→协同→评估的系统流程,用尽可能短的时间设计确定战略计划,以适应不断变化的市场趋势。

# 第九章 洞察自我：重构认知新模式，打造高维价值观

## 本章要旨

第一，未来企业之间的竞争，是管理团队思维与认知的竞争，是价值观维度的竞争！我们将通过韦尔奇的个人职业生涯分析，让大家了解高维价值观将如何影响企业的经营规划和发展。

第二，我们将进一步借助霍尔-托纳的价值观地图分析价值观的4个层次，不同层次的世界观和对外的表现都有它的特征，建立更高维的价值观需要我们有世界的系统观思维，需要不断深化自己成为促进者、合作者；锻炼自己的服务型领导能力，进而提升自己的感知和远见。

第三，组织结构是嵌套式的，任何变化都是自内而外的。如何要实施一场组织变革，一定是自我先认识到改变，然后团队改变，接着组织改变，最终才是社会发生变革。因此打造价值观要注意从自己开始，经常反思精进，推己及人到团队，再到公司，最后到社会！

2020年初，风靡了一个时代的管理实践大师通用电气（GE）总裁杰克·韦尔奇的去世引发了很多有趣且有意义的讨论：到底后来的企业家应

该像韦尔奇那样用投资的观念来经营企业,还是像巴菲特那样用经营的理念来投资企业?

杰克·韦尔奇曾被誉为"最受尊敬的CEO""全球第一CEO"。他任职期间,GE的市值从130亿美元飙升至超4000亿美元,GE的市场地位从全球第十提升至第一。一方面是绩效至上,这是"数一数二原则";另一方面是推行六西格玛质量管理体系标准、全球化和电子商务。这些几乎重新定义了现代企业。同时不遗余力地推动"黑带标准",作为潜在人才的培训标配,用实际的工作练习替代以课堂教学为主的培育机制,形成了新的人才培养方式,如今"行动学习"风靡中国。

韦尔奇在20世纪80年代掌管GE时,市场格局稳定,大公司占了美国GDP的30%,主要靠经验曲线与战略定位取胜。战略定位在20世纪90年代进入流程性管理,来获得效率和效益最大化。

市场战略的第二个突破口是通过企业杠杆获得可持续增长公式,通过财务的加强预测与管理,将利率、杠杆率、分红、业务回报等联合起来,做公司的增长率分析与突破。因此,由韦尔奇亲自打造的GE"产融结合"策略被视为公司扩张和提高利润的高明之举。GE创建了世界上最大的银行之一——GE资本。在韦尔奇卸任时,GE来自金融业务的利润已经占据总利润的50%以上,2008年金融危机爆发前,其资产峰值达到5380亿美元。在金融危机爆发后,GE金融业务举步维艰,2013年开始被迫陆续剥离。回顾历史,金融业可谓"成也萧何,败也萧何"。

GE的沉浮史,也是商业的发展史。在不同的时代战略也随之不断演变。

《战略演变》一书中提到，从19世纪以来的模糊探索，迎来了20世纪流行的定位理论，那时候全世界的大公司很少，在美国大公司可以凭借着经验曲线取胜，波士顿和贝恩这些咨询公司就是在那时候应运而生的。之后，行业咨询公司发现利率、杠杆、利润联合起来可以放大公司的增长率；BCG也发现了制造业峰值理论，流程再造和加杠杆成为核心主流的战略理论；市场进一步推演又形成了多头垄断理论，比如一个稳定竞争市场不超过3个巨头，最大的市场占有率不超过最小的四倍。互联网时代的到来，颠覆了很多传统的战略推演，市场从线性发展变得多元，消费者从大牌子爆品到如今的个性化，生产线从精益到柔性，外部环境VUCA，因此管理上越来越强调人的能动性，战略趋向"以人为本"强调生态优势、系统组织能力，每个战略理论模型也都和这些阶段战略演变息息相关。20世纪的战略模式，强调成为行业的前三在当年是有用的。在今天，竞争已经变成竞合的关系，数字化平台的大投入和边际效应，同时也让某些行业只能容下一个垄断者。

一个领导者，核心任务就是在不同发展阶段厘清做什么可以生存发展，优于怎么做和实施的细节。这样，领导者就能把眼光放在需求端并梳理这些逻辑，以此开阔视野，能够思考并组织跨界的解决方案，创造更多的商业模式。

全球化的趋势在中美战略的竞合中也受到了极大的思潮挑战，中国在培育并进一步扩大国内市场以抵消可能的市场下滑，并通过供给侧结构性改革来提高民众对国产产品的认可与使用。未来各大企业应该做什么？供应链和生态伙伴的整合如何实施？是摆在每一个企业领导者面前的难题。

## 第一节　未来企业之间的竞争，是管理团队思维与认知的竞争

神经语言程序（NLP）领域的大师罗伯特把人的逻辑思维从下至上分为6个层次：环境层、行为层、能力层、信念价值观层、身份和愿景层。

他认为，如果人的思维模式聚焦于环境（外因），会认为问题的出现都是别人的错或者环境不好，造成"抱怨"式的应对模式。

而思维层次在行为层的人，他们会认为问题都是因为自己努力不够，因此不断强化自己要进一步加强行动，通过更加努力来获得成功。

思维层次在能力层的人，容易产生学习焦虑，通过不断学习来提升自己的能力，这也是目前国内知识网站特别流行的一个原因。

价值观层级的人会关注"我是谁，我想成为一个什么样的人"，他们会找到自己对标的成功人物，提取对方的核心成功要素，来修正自己的思维和行为，以"我是这样的人，所以我要作出这样的选择和行动"为核心。

愿景层级的人会考虑："我与世界的关系是什么，我如何改变世界？"那些改变世界的大师，无一不是拥有了这个层级的思考。马斯克甚至把人类送上火星来作为自己的目标，他的火箭计划、太阳能计划、地下隧道计划都是围绕着火星的生存在不断探索。马云让天下人没有难做的生意，也是围绕着改变现状、挑战传统的突破性的思路而展开。

高维度的思维层级能够解决低维度的问题，相反就很难。比如，愿景的思考可以解决能力层面的问题，乔布斯说"活着就是为了改变世界"，因此基于他的愿景，他会不断思考突破，加强创新的能力。

如果我们把信念价值观、身份和愿景作为高维度思维，而把环境、行

为、能力作为低维度思维，那么你会发现高维度的稳定性更强，更底层，冲击力更强，对人群的影响与心灵的链接更强，因此，更容易影响他人；而低维度相对容易改变提升，冲击力弱一些，用这个维度去集合群体思维的能力更弱。因此当我们带领团队，尤其大型团队时，我们需要从底层但是高维度的思维模式，用简单有吸引力的语言去号召大家。

## 第二节　未来企业的竞争，是管理团队价值观层次的竞争

　　愿景和身份的认知与确认，受价值观的影响很大。而价值观是有不同层次的。价值观是指一个人对周围的客观事物（包括人、事、物）的意义、重要性的总评价和总看法。像这种对诸事物的看法和评价在心目中的主次、轻重的排列次序，就是价值观体系。价值观和价值观体系是决定人的行为的心理基础。

　　我们觉得这个世界是个谜团，不可解？还是一个可以参与创造的世界？我们看待和理解这个世界的方式，深深地影响和激发着我们的好奇心及认知转化和加工建模的能力。但是世界观与价值观是逐渐形成的，与个体的家庭环境、所见所闻、学识素养、社会阅历、事物见解等有关，要改变是要付出相当的努力的。

　　霍尔-托纳总结了一个价值观地图，他把人尤其是领导人的价值观分成4个等级，这些等级的分析和从世界观出发的系统论有助于我们更加清晰地去了解自己，从NLP的认知角度，我们的认知最下层是环境，而最上层就是世界这个系统对我们的干预。我们来看看他的解读——

　　生存级即Ⅰ级：我无法控制这个迷幻的世界，因此我渴求心理安全和环境安全。

归属级即Ⅱ级：我要与这个有问题的世界共存，因此我渴求家庭和职场的支撑。

自启动级即Ⅲ级：我要参与并且去创造这个世界，因此我渴求新秩序。

互相依赖级即Ⅳ级：我们从全球的角度去关注这个世界的神秘性，因此我渴求新的世界秩序。

上述解读可以从存在和发展的角度进行概念化。每个阶段内部都分为两个时间期，"后时间期"对比"前时间期"获得提升。每个时间期内部都有对应的目标和方式，目标是基于前时间期所产生的，也就是如果前一时间期的目标没有实现，后一时间期的目标也就不成立。因为目标与个体价值观取向的所处位置成正比，如个体价值观取向不能支撑更高的目标产生，其价值观取向将暂时或永久定格在某一价值观的时间期。这就是为什么虽然现实中都是经营者，但所做出的判断、决策的层级却相差很大，主要是其价值观层级所限。霍尔-托纳的价值观地图清晰地阐述了价值观取向以此提升的节奏。依照生存阶段、内心归属阶段、自启动阶段、相互依赖阶段逐步提升（见图4-4）。

| 阶段 | 生存阶段 | | 内心归属阶段 | | 自启动阶段 | | 相互依赖阶段 | |
|---|---|---|---|---|---|---|---|---|
| | 前常规 | | 传统 | | 后常规 | | 全球伦理道德 | |
| 时间期 | 个人安全 | 环境安全 | 家庭 | 机构 | 使命 | 新规则 | 智慧 | 世界新秩序 |
| 制订目标 | 自利/自我保护/敬畏/命运 | 身体愉悦/安全 | 家庭/归属幻想/发挥自我价值 | 信念/哲学/人生观/自信/游戏/娱乐/工作 | 平等/自由/整体化/自我实现 | 自我建造/新秩序/风险驾驭 | 亲密/智慧 | 生态全球/和谐世界 |
| 实现方法 | 食物/温暖/庇护所功能/身体安全 | 情感/利润属性/控制感官/好奇心 | 受人喜爱/秩序/品行礼貌/控制沟通/耐力/归属服从/责任声望/同行人传统 | 成就/成功管理/协调沟通/信息/设计/责任心/团结比/技术/科学 | 适应性/灵活性/权威/诚实/协调性/公平/权利/独立性/法律指导/服从/信任 | 责任感/独立鉴别力/知识增长/洞察力/多样性/创新研究 | 沟通/愿景/协同/超越 | 人权/宏观经济 |
| 领导类型 | 独断型 | 仁慈型 | 经理 | | 促进者 | 合作者 | 服务者 | 有远见者 |

图4-4 价值观取向提升的节奏

当我们还处于生存阶段时，我们关注个人和环境的安全；我们制订的目标也是围绕着自我保护的核心进行；我们实现的方法将是关注利润带来的生存条件和身心安全，而在领导风格里就偏于独断与仁慈的两个极端。

而到了思考全球伦理道德的相互依存的时期，我们关注世界的和谐、生态圈的融合，以及人与人的亲密状态和智慧的接纳；我们会偏重于通过人权的把控和宏观经济的调控来实现，手段上更加注重建立共同的愿景，协同不同利益诉求者的做法，追求卓越的态度；我们的领导力风格也是偏于服务型领导，我们远远地看见高山，用高山作为北极星引导团队，我们就像牧羊人，在后面提供必要的干预，同时更多的是给予资源的资助；远见与对未来的趋势洞察是我们必要提升的能力。

企业的本质是互相竞争，利用有限的资源获得最大的利益。然而这些企业的成长，常常受到社会层面、国家层面、区域层面（干扰可能是正面，也可能是负面）甚至是宏观层面的干扰。宏观层面，比如中美战略竞争问题；社会层面，比如全球气候问题，COVID-19新冠疫情的公共卫生问题，都让我们意识到只是维护自己的利益是不够的，我们需要从企业的商业价值进一步去考量一个企业给行业带来的价值，进而考量一个行业给社会带来的价值。只有全球的气候解决了，公共卫生安全问题解决了，我们和其他国家的供需问题才能进一步解决。当然，气候和公共卫生只是其中的两个症状。

实现更大的成就，意味着要完成更高的目标，而支撑更高目标，则需要个体世界观与价值观先行一步，达到能够实现方法的要求。中国的传统文化也是非常讲究系统观的；领导者的自修自古以来都是一个重要的且有挑战性的任务和难题。

在最近的一次生物医药研发创业团队的高管访谈中，我看到五位高管成员分别有不同的使命和价值观，有人是病人健康驱动，看中长期投资和行业回报；有人把世界当成一个可以参与的创新系统，遇到问题，也是想着怎么更加灵动地处理；有人是技术推动，看中技术推动过程中的各种可能，对商业回报比较淡然。他们都出过国，有海外求学和工作的经历，因此我给了创始人一个建议，让他和高管团队先找个湖边的茶室，和大家闲聊各自的成长经历和海外求学的窘事，看看大家成长的动力和对未来的期待。事后，创始人告诉我，这是他第一次这样和团队连接，过程特别有意义，他们找到了很多共同点。这就为他们下一次进一步谈论公司的使命和价值观奠定了一个好的基础。事实上，后来的4天工作访谈也做得非常顺利，我带领团队用未来探索的工具回顾了整个创业公司成长的历史和个人的成长史；在公司成长的过程中及一些关键节点，创始团队所作的决策、背后的想法和动机都让大家更加清晰地了解了让大家走到一起的原因，以及支撑大家走向未来的理念。

我们需要明白，我们每个人原生家庭的成长经历，已经让我们自带系统，甚至，这些基因与系统来自于我们上几代人。虽然很多后天是可以影响和改变的，但很多潜意识层面的"快"思维系统却一直在悄悄地影响着我们的思维模式和决策。

那么这些高维价值观又是如何体现在企业内部及生态规划上的呢？我们来看看熟悉的企业家杰克·韦尔奇的实践。

韦尔奇早期是在第三阶段，也就是后传统者的状态；中期又升级到阶段四，表现在他曾在自传里提到他痛恨官僚，无法与这些价值观兼容。在成为CEO后，领导者的角色促进了他全球化的视野，做了更多的变革。韦尔奇对经理们的工作表现和职业规划格外重视，因此成立了"克劳维尔领导力学院"来推动领导力与行为的变革，他灵活地扮演着引导者和服务者的多重角色，及新秩序的建立者、推动者的角色。

"群策群力"（work out）是今天的行动学习（action learning）的前身，用真实的问题组成跨部门小组，通过教练的引导来挖掘解决本质问题的方法。韦尔奇大力推动群策群力，为此他做了几件至今让人难忘的事情：

一是定期去克劳维尔领导力学院上课或演讲，推动无边界领导力。同时韦尔奇也用实际行动推动无边界领导力，比如在费城看到无边界协作，随即找到全球 HR 领导，邀请对方把这些好的实践进行全球分享。制定 CEO Sponsor 项目，给前线潜才们资源，助力他们去做一些项目，从而发挥变革引领者的角色。

二是奉行绩效至上的"数一数二原则"。在韦尔奇的观念里，只进入那些能做到"行业第一和第二"的领域，GE 的经营目标和绩效指标因此进行大幅调整，剥离或卖掉一些表现不佳或投资回报周期长的项目。这也是他建立新经济秩序的典型思路。

三是以业务必须达到行业前三为目标。韦尔奇把流程改进作为关键点抓手。在全公司推动 6 sigma（六西格玛质量管理体系标准），并辅以全球化和电子商务，不仅对流程进行大幅改进，提升了效率与客户体验，更为重要的是几乎重新定义了现代企业。不遗余力推动"黑带标准"，作为潜在人才的培训标配，用实际的工作练习替代以课堂教学为主的培育机制。

在实施工业产业金融化转型的过程中，韦尔奇把这个世界看成一个极具创意的项目，而不是必须应对的麻烦。他积极地推动新的产业解决方案，并不断测试实施，匹配资源，推动向前。

韦尔奇亲自打造了 GE"产融结合"策略，在当时被视为公司扩张和提高利润的高明之举。在韦尔奇卸任时，由 GE 创建的 GE 资本成为世界最大的银行之一，GE 来自金融业务的利润已经占据总利润的 50% 以上。

如果韦尔奇没有处于价值观地图的阶段三，如果他不是将世界看成一个有创意的整体的思维，而是停留在阶层式、官僚式的管理维度中，那么会发生什么呢？首先领导力不会改变，培训仍然是传统模样，克劳维尔不会出现；其次以 6 sigma 的流程再造来提升效率、成本和体验也不会出现；最后新的产融结合解决方案更不会出现。

韦尔奇以极高的价值观素养和超强的执行能力，在任职期间令通用电气的市值从 130 亿美元飙升至超 4000 亿美元，市场地位从全球第十提升至第一。

事实上，一个人在不同的生命周期，他的价值观是会改变的。过去价值观连同使命愿景体现在企业的经营上，体现在组织规划和业务规划上；它指导着我们的人员能力标准，在经营管理的关键流程和机制系统中体现出来，未来更会体现在企业的生态布局上。

在企业内部，跨部门协同永远是难题，刚性的资源分配争夺是常事，这种围绕着环境和岗位的对话很容易陷在低维度思维层级而难以解决。这时，我们需要把大家拉到高维度的对话中，关注组织的愿景、目标，这样才能更好地对话。

依据霍尔-托纳价值观地图里面描述的价值观 4 个阶段，我们又该如何从阶段一不断地上升呢？真正要达到做一个有竞争优势和生态优势的企业，需要怎样的价值观呢？当我们带领公司向前冲的时候，什么情况下会被价值观的层级局限呢？

## 第三节 打造更高维的价值观首先需要成长意愿和成长型思维

塑造更高维价值观，其核心需要有成长意愿、成长型思维和好奇心。而好奇心又是成长的基石，同时你是否有明确的、清晰的、除了赚钱之外的愿景和动机？

如果医院的目的是赚钱而不是救死扶伤，如果学校的目的是赚钱而不是教书育人，我们内心就会忐忑不安，不敢把自己交给医生，不敢把孩子放心地交给学校。那么对于企业，也是一样，企业核心存在的价值是解决客户的问题，让客户实现他的中短长期目标，带来他所想要的生活或者事业形态，这样他才会安心地和你交往。因此，每个企业都应该有超越赚取利润的目标。

我曾给一家电动汽车公司做高管教练，过程中谈到他们是因为什么被打动而选择最终加入这个公司的？其中一个高管提到要成为中国最伟大的电动汽车公司，颠覆汽车行业时，其他高管频频点头。我又问，那么现在你们还经常和员工聊起这个梦想吗？该高管摇摇头，说：已经好久没有提起了，但这个梦想一直在心里。

人类有三大终极问题：我是谁？我从哪里来？我要到哪里去？而愿景与方向就是在公司运营环境下，需要交代给大家的重要终极问题。我们是谁？我们要一起去哪里？越是高科技行业或者高知行业，不确定性就越强，员工越需要被自己的愿景和公司的愿景感染，而在模糊中追求创新，用每天的努力筑起一栋理想的大厦。因此，不断思考愿景、用愿景来激发成长意愿的能力是新时代核心的领导力。

成长型思维的人，智力值在不断的自我培养中越发强大，拥有更强大的自主性和能动性，从而不断获得突破和成就。固化思维的人的智力值固定不变，甚至逐渐下降，因而浪费自身潜力早早步入平台期，向前的路上充满阻路石，终因不能突破而面临人生的失败。

## 第四节　领导者保持好奇心，成为表率和给予创新空间

高管常常会犯的错误就是路径依赖，过去的成功支撑他走到了今天，过去的经验也形成了记忆和潜意识。在线性发展的工业时代，这些经验确实会长时间发挥作用；但在变化多端的年代，经验可能产生经验障碍，无

法支撑未来需要的商业模式。正如创新者有窘境，高管也有窘境。决定是否能破除窘境的是高管的好奇商！

通过好奇，尝试问"如果……会怎么样……"以寻求对不熟悉情境的切入与适应；定期引入新视角，也许是前线员工视角，也许是客户视角，也许是跨界视角。

领导者保持好奇心的直接结果是，将领导者自己从管理细节中摘出来，把日常性决策留给员工，锻炼员工作出优秀决策的能力。自己的时间用来探索不定性和不可知的领域，用更宽阔的视野去审视与把握未来。

领导者保持好奇心的间接结果是，为团队和组织作出表率。作为团队列车的车头，领导者的一切行为都是团队的方向控制器，如果领导者将好奇的个人行为发展为团队行为，该团队将在不断地挖掘好奇点与满足好奇心的循环中成长起来。

领导者保持好奇心的意外收获是，能够给创新以空间。因为对结果好奇，所以保持关注；因为对成功好奇，所以保持距离。创新是需要时间和空间的绝对宽松才能实现的，在创新过程中会出现各种各样的问题，作为领导者是否作到悬挂判断，将决定创新的完成度。悬挂判断是将对事情的判断暂时挂起，不下结论，从旁继续观察，在事情彻底完结后，再下结论。悬挂判断的宗旨是给员工空间，且需赞扬员工的努力，不以创新成败论英雄。

1982年，阿莫拜尔等人作了一个足以让高管们感到不悦的实验，实验结果表明，领导不在时，员工创意更高。

实验的内容是，请大学女生做碎布碎纸的拼花工作，现场分为人数均等的四组，没有图案限制，个人自行创作，制作数量不限。

A组学生一边工作，一边被领导者评价。

B组学生在工作时，没有领导者观看，工作结束后现场等待领导者评价。

C组学生工作时，领导者在旁边观看，但不做评价，工作结束后也不做评价。

D组学生工作时没有人看，工作结束后也没有领导者评价。

第二天，学生们进行第二次实验，内容与形式与之前完全一致。结果发现，A组学生的创造力最低，工作过程非常缓慢犹豫；B组学生工作速度比较快，但与前一次的样式差距很小，创造力明显不足；C组学生工作速度一般，样式变化也一般，综合结论创造力一般；D组学生情绪最高，工作速度快，样式翻新多，创造力最强。

为了保证实验所反映事情的准确性，阿莫拜尔后续又进行了大学生写作、小学生碎布拼花实验，结果同样证明评价会干扰创造力。即便评价是正面的，也会伤害创造力。

影印机发明者鲍伯·冈拉克发现，老板出差时他表现最好，因为老板不在，他不必担心被批评。实际生活中的创造力与在实验室中一样，评价（正负面）都会减损创造力。因此，培育你的好奇心，悬挂你的判断，将空间和时间留给员工们独自进行探索，就能得到更好的结果。

## 第五节 让我们价值观升维的方法

组织结构是嵌套式的，任何变化都是自内而外的。要实施一场组织变革，一定是自我先认识到改变，然后团队改变，接着组织改变，最终才是社会产生变革（见图 4-5）。

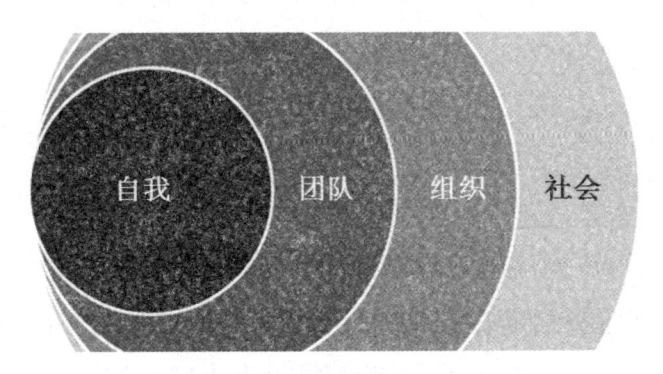

**图4-5　由价值观看社会系统层级**

在组织发展中，健康与匹配的文化就如同免疫系统，让大家上下同欲、左右同步，对任何非我价值观的行为会立即识别并产生排斥作用，从而系统和流程让人的能动性和责任感得到最大限度发挥，形成双向领导力。而价值观就贯穿在从领导力到绩效的整个转化过程中（见图 4-6）。

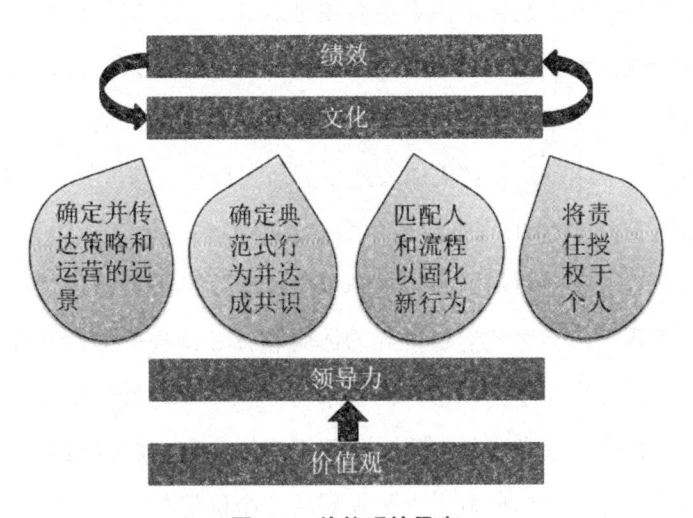

**图4-6　价值观的贯穿**

通过价值观在系统内达成一致，通过价值观的传输与讨论来不断协调团队内个人的目标和价值观，从而减少不明确的价值中心（见图 4-7）。

```
协调团队内个人              在组织内的各团
的目标和价值观              队间达成一致
```

```
┌──────────┐      ┌──────────┐      ┌──────────┐
│由不同个人价│      │由不同的团队成│     │领导团队的组织│
│值观构成的不│ ───→ │员价值观构成的│ ──→ │核心价值观  │
│明确的价值观│      │领导团队核心价│     │          │
│中心      │      │值观        │     │          │
└──────────┘      └──────────┘      └──────────┘
```

**图4-7　领导团队的核心价值观形成组织的核心价值观**

一个人价值观的形成有很多先天的因素。有人曾经把顶级的科学家做了家族史的跟踪，发现驱动这些顶级科学家作出巨大成就的，有四大密码：一是家庭、家族和遗传基因；二是大自然和社区；三是突破个人生活范围局限的大游历；四是复杂的演化。作为父母，我们需要作的是打开和滋养孩子们的天性、特长；而不是把各种资源对着孩子定向密集地投放，尤其在中国，当我们只有一个孩子的情况下，这会更加艰难。事实上，研究学者们发现有两个兄弟姐妹的人会更自由地成长，因为父母只要有一个孩子成才，他们就会给予另一个孩子更多的自由让其去探索世界，而这种自由探索的过程，就会给孩子成长的过程带来更多滋养的机会，培育孩子建立起多元的价值观体系，并且更加清楚自己与大自然、与世界的关系。

我们的50%的价值观来自于生活中影响最大的集体，如工作、家庭、社区、学校和宗教，而剩下的50%却难以定论。我们的价值观不断与我们的世界观对话，影响着我们对世界的体验和思考：我们如何看待经济带来的成功？如何看待工作劳动带来的快乐与成就？如何看待娱乐消遣带来的快乐？如何看待家庭带来的归属？这些看法被从存在和发展的角度进行了概念化加工后，就直接形成了人类发展的4个价值观阶段：生存→归属→自启动→相互依赖。

价值观阶段一与阶段二，是激发个体和集体的安全感，从而可以让人更好地观察世界，从一个谜团的状态中加强认知，从中了解哪些是世界的问题，哪些不是。大多数人都处于行动的状态，因此当人们的各方面条件以物质的形式进一步满足时，人们就开始思考这个世界有些部分是一个可以创新的系统，只是其中暗藏了麻烦需要解决，个体必须积极进取，自发地把这个系统做好。

人们在不同的外界环境与年龄阶段会处于不同的价值观阶段，不同的价值观阶段对同一个事件的反馈是不一样的，能够成就的机会也不同。因此，借助价值观地图，分析自己在哪里，问自己要去哪里，为什么要去那里，去那里需要改变什么，需要怎样改变，需要多长时间进行改变，等等。常常的自我反省与自我的对话是能够帮助我们更好地洞察自我的一个手段。奥拓的《第五项修炼》也给了我们很好的方法，五项修炼是指五条路线（理论和办法），用来开发三种核心学习能力：激发热望，开展反思交流，理解复杂事物。奥拓把这三个核心学习能力当成是个三条腿的板凳，缺一条也不能支撑起团队敏捷学习的能力。他同时进一步地强调打造新一代领导者与学习型组织的建立，是同一个硬币的两面，从个人的领导力到集体深度会谈的容量能力；从个体智慧到集体智慧；从个人愿景到共同愿景，需要我们经历系统思考、自我超越、心智模式、共同愿景、团队学习这五项修炼。

霍尔-托纳的价值观地图还揭示了一个重要的洞察：价值观是向下兼容的，这意味着价值观维度高的人能听懂维度低的人的话和看到其潜在的心理活动，他可以实施降维的方法来应对；而反之则不可能。比如，A部门领导在阶段三，他相信自我领导和自我创造，他用引导的方式来和其他部门达成意愿，积极配合工作；但B部门的领导刚刚加入，他对新的环境不熟悉也不习惯，他还在阶段一，因此他表现得比较自我保护，以部门利益和个人权利安全为核心；这时候，A部门要想协同B部门的领导就可以通过边界划清、明确职责、主动沟通等方式来确保他的安全感得到保障，从而建立同盟。而B部门的领导却难以升维到去思考新秩序、新方法，运用让团队自由表达、让个体释放的形式来引导式、服务式地管理团队和配合同僚。

同时,个人、集体、国家的价值观都有可能在不同的层级上,从而造成系统性的冲突。比如,个体领导力或价值观在阶段三;集体在阶段二,而所在的国家政局动荡不安,只是阶段一。这时候,个体的价值观也被迫向下兼容,要追求心理和环境的安全。

另外,个体的领导力或价值观可能在阶段二,集体也在阶段二;那么你要去促进集体层级的上升,需要领导力首先要达到阶段三,然后才能真正寻找上述机会找到变革的代言人和变革策略来逐步带领团队向前。个人的价值观(动力来源)要形成集体的价值观,需要经过规则的统一,并把规则转化成行为才行。转化的过程涉及政策和限制的常态、战略目标、角色和业务规则。

对于管理层来说,形成新的价值观比形成新的战略更难。但这是必须要做的,因为软性文化和业务进行紧密支撑,才能互相辉映,产生最大的效用。这一点在中国做得最好的就是阿里巴巴。他们把每一次的关键业务战役中所发生的行为标准都总结出来,形成了"新六脉神剑",并且组织发展的团队会不断地用"六脉神剑"的价值观去阐述并衡量各个业务单元的执行,润物细无声。每一个从阿里出来的员工,都有"此时此刻,非我莫属"的神采!这是阿里的品牌,阿里的价值观与精神赋予了他们力量和自信!

阿里和腾讯的生态布局是类似的,但是他们参与布局的方式却不同。阿里坚信运营管理的逻辑和价值定位,因此在每个生态伙伴中都尽量扩大股份,控制运营。而腾讯更加坚信赋能,以引流的方式赋能合作伙伴,因此一般选择小股权,不控制运营。

华为的任正非把99%的股权稀释给了9万名员工,让华为人人是股东，很多二十多岁、三十多岁的年轻人就很有权力，这是何等的自信、平等、博爱的价值观！

那么，如何提升组织级别和个人级别的价值观，即企业和领导层的价值观，来实现蜕变呢？

从行动中学习就是个人价值观与团体价值观达成一致的最好方式：一是从经验出发来确定一个你希望能在接下来的几周内尝试的技能或做法；二是围绕该重点计划你的行动、实践地点和对象；三是依照计划行动；四是观察并反思过程中自己的思维、情绪和意愿打开的程度，不断加深对自己和团队的理解；五是通过观察、反思、学习确定你的下一个动作，然后重复。久而久之，你会发现对自己和团队的整体能量级别的了解与洞察都会加强，从而获得更深的领悟与影响力。

在这个过程中，你扮演着促进者的角色。你在促进任务、流程、团队和自我的认知与进步。任务是指识别、澄清和完成任务以及团队的工作。良好的促进引导可以帮助团队更有效地开展工作。流程是指一组可以帮助团队有效地共同完成任务和目标的行动、资源、实践和工具。流程可以关注于关系、制订决策、解决问题和团队绩效等。团队因素是指理解群体动态，以及这种理解如何告知人们该怎样指导团队流程。团队动态包括识别团队目标、制订团队规范、建立建设性沟通和冲突解决实践、恰当的决策制订过程和解决问题等可变因素，以及促进团队的发展。自我因素是指促进者的自我知识水平，它是理解团队中正在发生的事情以及以团队为中心所采取的行动的基础。

每个促进者都应该将他们的工作建立在一套明确的价值观、信念和行为基础之上，以帮助团队有效地开展工作。只有把自己立身于引导者的位置，才能给自己和团队留出一定的空间与时间来帮助团队从价值观阶层二升维到阶层三。是的，无论是基础的团队建设还是发展团队的活动干预，促进引导者都在争取小组工作的内容和结果中立，但产出不一定在这个流程中被实现，团队也许在未来的"自然留现"中产生顿悟与创新。换句话说，促进者主要关注的是流程，而不是团队工作的产品；关注的是给予空间自我觉悟的过程。

看到自我与团队的觉醒，无论是思维层面的打开带来情绪上的温暖，还是同理心感悟激发了意愿的加强，这些都是完人的状态。只有帮助自我、团队、组织进入到完人的状态，我们的工作才能真正获得成功。

# 后记

经营一个公司，不论大小都是无比艰巨的事情！不仅仅是在于我们需要不断地感知市场，制定战略，带领团队战斗，攻城略地去获得胜利，实现商业价值，更重要的是我们还承载着社会价值，通过企业的产品和服务去传承对个人、家庭、社会的关爱，对社区、地球、宇宙环境的维护；让更多的人拥有一份感受到自尊和价值得到体现的工作，提升人生的幸福感。

市场被资本和技术驱动，尤其是互联网的出现颠覆了传统的渠道，消费个性化促进了柔性生产，工业互联网即将重构全球工业，激发生产力。生产资料的进步，带来了生产关系的调整，新矛盾促进了管理的变革。

然而在日常的企业经营中，我们的认知能力常常阻碍了我们更好地超越自我去找到金钥匙来建立持续性的成功。管理咨询师基佛说："现实是由复杂多样的、同时发生的、相互依存的因果链条关系组成的。我们习惯了从现实中提取简单的、线性的因果链条，因此管理人员也总是去寻找低杠杆效应的干预措施。"是的，企业界的人们习惯了针对问题寻找"对症解"，即产品开发周期长，我们就招聘更多的工程师来加快速度；利润低，就削减成本；市场占有率低，就降价促销。我们形成了线性思维的模式。每个人都关注系统的一部分，市场营销人员不会主动关心公司的组织能力建设来加强战略落地；创始人或者CEO不会将自己感知建模的思路告诉员工，而指望他们立即就懂"我"，然后去完美执行。

我们需要静下心来花更多的时间与精力来制订计划。从市场细分，了解在细分市场我们的挑战，就挑战定义商业问题，找到问题背后的根本原因。同时从用户的角度思考如何提出创新的机会点，作用户访谈、洞察，提取客户价值定位，用产品方案、服务方案、解决方案等方式来给他们增值。这样我们的差异性优势才能真正地打开并延续下去。市场的洞察也将帮助我们抓住市场发展的主要矛盾进而实施干预。

在组织发展的过程中，我们不能单纯地要求HR具有业务能力、理解业务、做好业务的伙伴。事实上我们需要企业的中高层都能够拥有系统的组织发展观，有成熟的自我认知与提升能力，从而建立一个更加健康、自适应的企业。如果说MBA教育普及了职能管理知识，那么组织发展这个领域的知识和技能将给大家带来企业系统发展的思路。自我的洞察，知道什么是我想要的，如何结合个体的动力、融合到企业的大发展与变革中去。

我希望通过我的一些反思与分享，可以让大家尤其是企业营销人员、组织发展的从业者、公司的管理层，能够更加清晰地知道我们需要洞察与提升的系统观和核心抓手。

最后，以我特别喜欢的美国创新领导力CCL总裁的一句话作为本书结尾："重要的不是变化本身，而是我们怎样应对变化。"愿我们都能将变化视为机遇，培养在VUCA年代"紧迫中的从容"！